LA PANZA ES PRIMERO

la triste realidad de la comida mexicana

rius

LA PANZA ES PRIMERO

la triste realidad de la comida mexicana

grijalbo

LA PANZA ES PRIMERO

© 1999, Eduardo del Río

D.R. © 1999 por EDITORIAL GRIJALBO, S.A. de C.V.
      Calz. San Bartolo Naucalpan núm. 282
      Argentina Poniente 11230
      Miguel Hidalgo, México, D.F.

Este libro no puede ser reproducido,
total o parcialmente,
sin autorización escrita del editor.

ISBN 970-05-1039-5

IMPRESO EN MÉXICO

¿CUÁL ES LA ONDA?

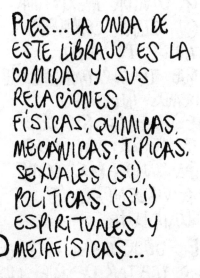

PUES... LA ONDA DE ESTE LIBRAJO ES LA COMIDA Y SUS RELACIONES FÍSICAS, QUÍMICAS, MECÁNICAS, TÍPICAS, SEXUALES (SÍ), POLÍTICAS, (SÍ!) ESPIRITUALES Y METAFÍSICAS...

ES UN LIBRO QUE VA A HACER QUE SE ENOJEN:
- CARNICEROS
- MÉDICOS
- TAQUEROS
- TORTEROS
- DULCEROS
- PANADEROS
- RESTAURANTEROS
- AZUCAREROS
- REFRESQUEROS
(Y TODOS SUS CLIENTES).

¿POR QUÉ?
PUES PORQUE AQUÍ
NOS METEMOS CON
LA COMIDA MEXICANA
(Y OTRAS COMIDAS.
NO SE APUREN),
QUE TRADICIONALMENTE
HEMOS INGERIDO
DESDE HACE SIGLOS,
ES DECIR, CON ALGO
TAN "INTOCABLE" COMO
LA VIRGENCITA DE
GUADALUPE...
EL OBJETO DEL LIBRO
ES TRATAR DE QUE LOS
QUE SE ENOJEN
PIENSEN Y DISCUTAN
LO AQUÍ DICHO. YA SE SABE
QUE NO VAMOS A CONVENCER
A NADIE DE QUE DEJE
SUS CARNITAS Y SU
SOPITA DE FIDEO... A MENOS
QUE LE INTERESE SU
SALUD.
PORQUE ESTE LIBRO ESTÁ
EN ESA ONDA: EN LA DE
SU SALUD FÍSICA Y
MENTAL...

EL LIBRO TIENE COMO
BASE ALGUNOS NÚMEROS
DE LOS agachados Y
HA SIDO COMPLEMENTADO
CON MÁS DE 100 PÁGINAS
DE MATERIAL NUEVO.
NUESTRAS FUENTES HAN
SIDO TODA CLASE DE
MÉDICOS: ALÓPATAS,
HOMEÓPATAS, NATURISTAS
Y YERBEROS. Y LA
LECTURA DE UN CHORRO
DE LIBROS DE UN CHORRO
DE PAÍSES, CUYA LISTA
VIENE AL FIN DEL LIBRO.
ADEMÁS, CONTIENE
UNOS POCOS MENÚS
QUE PODRÁN SER DE
UTILIDAD Y QUE HAN
SIDO YA PROBADOS EN
ÉSTA SU CASA, Y
AGUANTAN..
EL LIBRO, EN FIN, ES
UN INTENTO DE MEJORAR
LA ALIMENTACIÓN DEL
MEXICANO.. Y COMO TODO
INTENTO, TIENE SUS
FALLAS. PERDÓN Y ADELANTE:

1972.
REVISADO EN 1998.

AVISOTE:

ESTE LIBRO NO FUE DICTADO POR DIOS, QUE YO SEPA: NO ES DOGMA, NI VERSIÓN OFICIAL... ¡EL QUE QUIERA LO CREE, Y EL QUE NO, POS NO!

ESO SÍ: LO AQUÍ DICHO, ESTÁ DICHO DE BUENA FE Y CON BASE EN ESTUDIOS SERIOS, EN MUCHAS EXPERIENCIAS PROPIAS Y AJENAS, Y EN TESTIMONIOS DESINTERESADOS DE PERSONAS QUE PRACTICAN EL NATURISMO, VEGETARIANISMO, Y LA MACROBIÓTICA, O COMO SE DIGA...

NO ES CHARLATANERÍA, PUES NO TRATAMOS DE VENDER NADA, NI SON GANAS DE MOLER A LOS CARNICEROS: ES UN PUNTO DE VISTA DISTINTO AL USUAL, Y QUE QUEDA A DISCUSIÓN DE USTED... QUE CONSTE...

ÉSTE ES UN HOMBRE A LOS 35 AÑOS DE EDAD. PUEDE SER MEXICANO O PUEDE SER ALEMÁN O ITALIANO: LA NACIONALIDAD ES LO DE MENOS..
PUES SE LE VE MUY BUEN ASPECTO..
ES MI HIJITO.. ¿CÓMO LO VE?
¡MUY BIEN! ¡ESTÁ GORDO Y CACHETÓN, SE VE SANOTE Y PONCHADO!
¡COMO USTED, DOÑA LUZ!

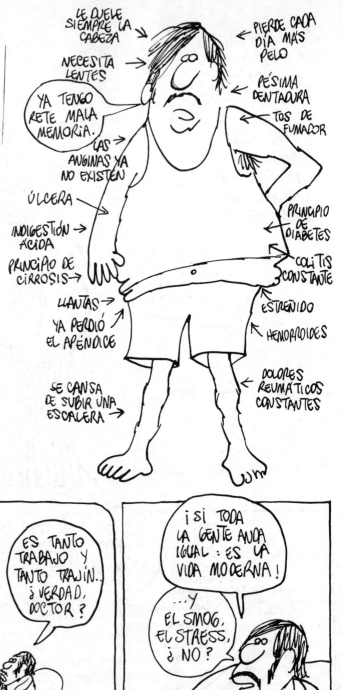

PERO AL GORDITO
SANOTE Y CACHETÓN
NO LE ESTÁ YENDO
TAN BIEN COMO
PARECE:

MILLONES DE "JÓVENES" DE 35 AÑOS, QUE FUMAN, TOMAN "DE VEZ EN CUANDO", SE DESVELAN "COMO TODO MUNDO", COMEN "BIEN", TIENEN EL MISMO ESTADO DE SALUD:

+ MALESTAR GENERAL
+ INDIGESTIÓN
+ INSOMNIOS
+ NERVIOSIDAD
+ PESADEZ GRAL.
+ CATARROS A CADA RATO...

¿CÓMO ESTÁ ESO?

EN CASI TODO EL MUNDO VEMOS UN ALARMANTE (Y CONSTANTE) AUMENTO DE ENFERMOS DE CÁNCER * TUBERCULOSIS * HEPATITIS * ARTERIOSCLEROSIS * NEFRITIS * DIABETES * APENDICITIS * COLITIS * Y EL NÚMERO DE MUERTES POR FALLAS DEL CORAZÓN AUMENTA Y AUMENTA Y AUMENTA Y AUMENTA, PESE A QUE LA MEDICINA ESTÁ "PROGRESA Y PROGRESA Y PROGRESA!!" ¿A MEJORES MEDICINAS MÁS ENFERMEDADES?

INCLUSIVE ENFERMEDADES QUE YA SE CONSIDERABAN "SUPERADAS", COMO LA SÍFILIS, HAN TENIDO EN LOS ÚLTIMOS AÑOS UN "RENACIMIENTO" INCREÍBLE, EN EL MUNDO OCCIDENTAL..

(LA LIBERACIÓN FEMENINA —MAL ENTENDIDA- Y ESAS COSAS...)

¡Y EL SIDA!

¡PERO LA GENTE YA NO SE MUERE TAN JOVEN!

SÍ CIERTO: SE LE HAN GANADO UNOS AÑOS A LA MUERTE..

ASÍ PARECE.. PERO POR EL OTRO CACHETE, LA GENTE LLEGA A VIEJA -CUANDO LLEGA- CADA VEZ MÁS ENFERMA, TOTALMENTE ACABADA, RUINAS VERDADERAS: ESTO NO HAY NADIE QUE SE ATREVA A NEGARLO. (PERO EL HOMBRE PODRÍA LLEGAR A LOS 100 AÑOS)

¿DICEN QUE EL HOMBRE MODERNO VIVE "PLENAMENTE"?

PUES... USTED DIRÁ: →

1 VIVE EN MEDIOS ANTI-NATURALES, COMO LO SON LAS CIUDADES...

2 EN ESAS CIUDADES RESPIRA AIRE CONTAMINADO...

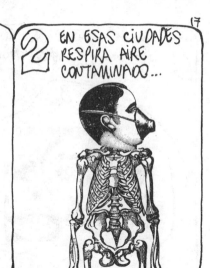

3 EL SOL QUE RECIBE, LO RECIBE "FILTRADO" A TRAVÉS DEL SMOG..

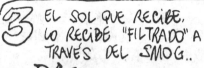

4 LA VIDA MODERNA LO TIENE EN CONSTANTE TENSIÓN NERVIOSA (Y DE PILÓN FUMA Y TOMA CAFÉ).

5 NO HACE CASI EJERCICIO: PARA TODO RECURRE AL AUTOMÓVIL..

6 DUERME MAL, Y PARA ELLO, TIENE QUE TOMAR DROGAS..

¡FOBAPROA!

¡Cuidado con la comida..!

La química ha puesto en peligro al hombre, lo mejor es volver a la Naturaleza

DE pronto, el comer se ha vuelto peligroso. No se trata de que los tacos de carnitas hayan centuplicado su virulencia habitual, ni tampoco es que la leche haya ingresado con honores al arsenal de las armas para la guerra biológica. No, se trata de algo más serio, en cuanto que es real:

Las necesidades masivas de alimentación, a la par que la no menos imperiosa necesidad de diversificar y ampliar las industrias en general, produjeron que los alimentos tuvieran que ser envasados, tratados químicamente para evitar su rápida descomposición. Por otra parte, el uso de insecticidas y fertilizantes para los productos agrícolas, así como el de otras sustancias para engordar artificialmente el ganado y mantener fresca por más tiempo su carne, ha hecho que lo que habitualmente ingerimos sea una especie de coctel químico.

Por años, nadie dio importancia a esto, pero tal parece que algunos científicos sospechan que tanta química en la diaria humana pitanza provoca trastornos de toda índole, desde gastritis hasta "el inombrable", el pavoroso cáncer.

Esto dio pie a que los naturalistas, aquellas personas que proclaman que sólo la vuelta a la naturaleza, especialmente en lo que se refiere a los hábitos alimenticios, salvará al género humano, hayan reiniciado, con acrecentado ímpetu, su labor proselitista para que la química se vaya de la comida.

En Estados Unidos sobre todo, esa vuelta a la comida natural se ha puesto de moda, y ahora resulta de buen gusto decir: "yo no como nada que no provenga de la naturaleza". Quizá el temor a la química alimenticia, como el amor a los alimentos naturales sean sólo dos caras del mismo extremo.

(Tomado del MAGAZINE de EXCELSIOR..)

TODOS LOS DIAS, SIN EMBARGO, PERIÓDICOS Y REVISTAS NOS HABLAN DE LOS PORTENTOSOS ADELANTOS DE LA MEDICINA, DE LAS INDUSTRIAS ALIMENTICIAS, DE LOS ADELANTOS EN LA SANIDAD PÚBLICA, EN LA MEDICINA PREVENTIVA, DEL MONTÓN DE NUEVOS HOSPITALES Y CENTROS DE SALUD... ¡Y NADA!

¿CÓMO DE QUE NADA!

PUES..¡NADA! POR PURA CURIOSIDAD NOS PUSIMOS DURANTE UN MES A VER LAS "NOTAS LUCTUOSAS" DEL PERIÓDICO, DONDE SE MENCIONAN EDAD Y CAUSA DEL FALLECIMIENTO DE LOS "FIELES DIFUNTOS.."

..COMO DECÍA LA ABUELA..

... Olivia y Rocío; hijos políticos, nietos y otros parientes.
Falleció ayer, a la una de la
mañana, a causa de un ataque
cardiaco. Tenía 62 años y era
originario de Puebla.

La señora ... rezo viuda de Sordo dejó de existir el viernes pasado, a las 19.30 horas, a consecuencia de un ataque cardiaco. Tenía 57 años, era originaria de San Luis Potosí, y trabajaba en el Registro Civil. Deja a sus hijos, Juan Ignacio, Luis y Jorge; hijas políticas, nietos y otros ... Fue sepultada ayer ...

Desde ayer reposan en el cementerio Español los restos mortales del comerciante español Salvador Canales Verano. Falleció anteayer a las dos de la tarde, a consecuencia de un ataque cardiaco. Tenía 65 años y deja a su esposa, Rosa Pa... el doctor Elías ...

... consecuencia de un infarto del miocardio murió el viernes las 21.45 horas, el señor José Guerrero Paz. Trabajaba en la Casa ... Tenía 67 años y era de esta capital. Deja a su esposa, Juana ...

A consecuencia de un ataque cardiaco murió anteayer, a las 19.30 horas, el comerciante libanés José Sakka Safa. Tenía 64 años. Deja a sus hermanos ...

mas de ... cuñados, sostenida por su esposa, Emilia Ortiz; sus hijos, licenciados Alejandro y Luis Alberto, y Eugenia; hijos políticos, hermanos, cuñados y otros parientes. Falleció el jueves pasado, a las 20.30 horas, a causa de un infarto del miocardio. Tenía 64 años, era de esta capital y trabajaba en la Secretaría de Hacienda.

...ivan y Rosas Moreno... ...jo que acompañe hasta el cementerio Español los restos mortales de la señora Elena Vargas viuda de Del Valle. Falleció ayer, a las dos de la mañana, a causa de un ataque cardiaco. Tenía 57 años, era de esta capital y se dedicaba al ... Deja a sus hijos, David y Héctor; hijos políticos, a las cua...

Hoy será sepultado a las tres de la tarde, en el cementerio Francés de San Joaquín, el cadáver del empleado de Petróleos Mexicanos Francisco Vázquez Moreno. Falleció ayer a las 11 horas a causa de un ataque cardiaco. Tenía 33 años y era de esta capital. Deja a su esposa, Mó... var...

...padres, Salomón Vázquez... ...jueves español los restos mortales del comerciante oaxaqueño José Larrañaga Alcázar. Falleció anteayer a las 22 horas, a consecuencia de un ataque cardiaco. Tenía 66 años de edad. Deja a su esposa, María Martínez; sus hijos, Manuel, Berta, José, Guadalupe, María y Cristina; sus hijos políticos, nietos y otros parientes.

Castillo Vaca, José

A consecuencia de un ataque cardiaco murió ayer, a las 10.30 horas, el señor José Castillo Vaca. Trabajaba en la Secretaría de Educación Pública. Deja a su esposa, Amelia Buitrón; sus hijos, A...

La señora Rosa Villegas de Montaño dejó de existir el jueves pasado, a las 7.15 horas, a causa de un ataque cardiaco. Tenía 64 años, era originaria de Veracruz y se dedicaba a hogar. Deja a su esposo, Armando Montaño Gómez Tagle; hermanos, cuñados, sobrinos

...raela

A la edad de 63 años, murió de un ataque cardiaco, murió anteayer, a las 14 horas, la señora Rafaela Vázquez de Si... Fue originaria de Cue...

El miércoles pasado fueron sepultados, en el cementerio Francés de la Piedad, los restos mortales de la señora Genoveva Moreno Alfaro. Falleció anteayer, a las 14 horas, a causa de un mal cardiaco. Tenía 49 años de edad ... era originaria de Estados Unidos. De... a sus hijos...

El reverendo padre y licenciado Antonio Durán Zapata, murió anteayer, a las 19.30 horas, a causa de un infarto al miocardio. Tenía 61 años. Originario de Hidalgo, era el párroco de la iglesia de San ... Deja a sus hermanos...

El licenciado José Galindo Martínez falleció de un paro cardiaco anteayer, a las 15 horas, a la edad 32 años. Fue originario de esta capital, en donde ejercía su profesión. En la capilla 6 de la Agencia Ga...

De insuficiencia cardiaca falleció anteayer, a las 12.30 horas, la señora María Coca de Reyes. Tenía 61 años y fue originaria de Santiago, Hidalgo. Deja a...

A consecuencia de un infarto al miocardio, falleció anteayer a las 21.30 horas, el licenciado José de Jesús Márquez Padilla. Fue originario de esta capital. Tenía 49 años de ... Le sobrevive su esposa, ...sco de Márquez;

Eugenio

El joven estudiante de 21 años de edad, Arturo Eugenio Mollevi Sáenz murió anteayer, a las tres de la tarde, a consecuencia de un mal cardiaco. Era de esta capital. Deja a sus padres, José Mollevi y Marta Sáenz; hermanos, cuñados, sobrinos y otros parientes. Reci...

El doctor Jenaro Márquez Acevedo dejó de existir anteayer a las 13 horas, a causa de un mal cardiaco. Tenía 70 años, era de esta capital, estaba reti...

A consecuencia de una trombosis cerebral dejó de existir anteayer, a las 19,30 horas, la señora María Elena Reyes Retana, viuda de Arias. Tenía 64 años, era de esta capital, se dedicaba al hogar. Deja a sus hijos licenciado Humberto, Jaime y Yolanda; hijos políticos, nietos y otros parientes. Fue sepultada ayer en el cementerio...

¿por qué nos ENFERMAMOS?

(ESO, A PARTIR DE LA INVENCIÓN - A MEDIADOS DEL SIGLO PASADO DEL MICROSCOPIO... PORQUE ANTES SE CONSIDERABA A LAS ENFERMEDADES COMO ESPIRITUS MALIGNOS QUE SE APODERABAN DEL CUERPO PARA HACERNOS SUFRIR. LOS BRUJOS "CURABAN" HACIENDO HUIR A ESOS ESPIRITUS CON BAILES, CONJUROS, REZOS Y OTRAS MAGIAS...)

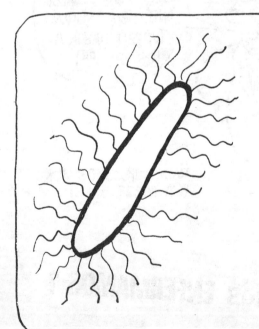

DICEN PUES LOS SABIOS QUE LOS MICROBIOS PENETRAN AL ORGANISMO Y LO ENFERMAN... Y QUE PARA CURAR LA ENFERMEDAD BASTA CON DESTRUIR LOS MICROBIOS Y SANTO REMEDIO.

(Y PARA DESTRUIR A LOS MICROBIOS, VENGAN INYECCIONES, PURGAS, PASTILLAS, MENJURJES Y DEMÁ$...)

Y SI TODO FALLA, POS LA OPERACIÓN..

TAL ES -EN FORMA EXAGERADAMENTE BREVE- LA TEORÍA MICROBIANA DE LA ENFERMEDAD DE LA QUE SE LE ECHA LA CULPA AL MÉDICO FRANCÉS **LUIS PASTEUR**

DESCUBRIDOR DE LA VACUNA.

DESDE ENTONCES LA MEDICINA SE HA DEDICADO A CAZAR Y ANALIZAR MICROBIOS, PUESTO QUE SE DICE QUE A CADA MICROBIO ESPECÍFICO, CORRESPONDE UNA DETERMINADA ENFERMEDAD..

..Y LOS LABORATORIOS A DESCUBRIR MEDICAMENTOS PARA DARLES MATE..

(Y HACER ESTUPENDOS NEGOCIOS..)

HACE YA CASI UN SIGLO QUE SE DESCUBRIÓ EL BACILO DE LA TUBERCULOSIS, Y EL ESTRAGO DE ESA TERRIBLE ENFERMEDAD SIGUE... COMO SIGUEN TODAS LAS DEMÁS ENFERMEDADES "CONTAGIOSAS" POR MICROBIOS, COMO LA DIFTERIA, LA HEPATITIS Y CIEN MÁS..

¿ESTÁN GANANDO LA BATALLA LOS MICROBIOS?

¿O ES QUE TAMBIÉN KOCH ESTABA EQUIVOCADO?

EN 1882, ROBERT KOCH, MÉDICO ALEMÁN, LOGRÓ AISLAR EL BACILO DE LA TUBERCULOSIS, Y DIJO QUE DICHO BACILO ERA EL QUE PRODUCÍA ESA ENFERMEDAD. PERO LA MORTALIDAD POR TUBERCULOSIS APENAS HA DISMINUIDO: CADA AÑO MUEREN TODAVÍA 3½ MILLONES DE SERES HUMANOS, SOBRE TODO EN ASIA Y AMÉRICA LATINA...

DESDE LOS TIEMPOS DE PASTEUR (Y DESDE SIEMPRE) MUCHA GENTE SE HA MANIFESTADO EN CONTRA DE LA MEDICINA USUAL, DE LOS MÉTODOS CURATIVOS, DE LA TEORÍA MICROBIANA, DEL USO DE INYECCIONES, PASTILLAS Y OPERACIONES...

DE LA MEDICINA "OFICIAL" PUES..

BAH: LOS CHIFLADOS NATURISTAS..

¿ NATURISTAS ?

¿NO SON ESOS LOCOS QUE NUNCA COMEN CARNE, NI TOMAN MEDICINAS?

EL NATURISMO -EN EFEUTO- ESTÁ CONTRA CASI TODO USO DE LA MEDICINA COMERCIAL, CONTRA LAS CARNES, LAS BEBIDAS ALCOHÓLICAS, EL TABACO, LOS REFRESCOS, EL PAN BLANCO, LOS DULCES Y OTRAS COSAS QUE TODO MUNDO USA... ¿POR QUE?

¿NO COMEN CARNE?

¡LOQUÍSIMOS! SE CURAN CON PURAS YERBAS!

¡ATRASADOS! ¿NATURISMO EN PLENO SIGLO TWENTY?

(NO USAN CALCETINES Y CAMINAN A PIE..)

COMO YA SE HABRÁN USTEDES DADO CUENTA, ESTE VA A SER UN LIBRITO SOBRE NATURISMO: UN MODESTO ESTUDIO SOBRE LAS TESIS CIENTÍFICAS QUE SUSTENTAN GRUPOS CADA DÍA MAYORES DE PERSONAS EN TODO EL MUNDO...

CON TODOS SUS PROS Y TODOS SUS CONTRAS..

(CONCRETADO SÓLO A UN ASPECTO DEL NATURISMO: LA COMIDA..)

EMPEZAREMOS PUES CON LOS

PRINCIPIOS BÁSICOS DEL NATURISMO ALIMENTICIO.

QUE VAN MÁS O MENOS ASÍ:

1 EL HOMBRE ES UN ANIMAL RACIONAL

TODOS LOS ANIMALES QUE VIVEN LIBRES EN LA NATURALEZA, SON VIGOROSOS Y SANOS. BASTA CON SACARLOS DE SU MEDIO, MODIFICAR SUS HÁBITOS ALIMENTICIOS Y SUS ACTIVIDADES, PARA QUE LOS ANIMALES SE ENFERMEN. (ESO VA CON LOS PERROS TAMBIÉN)

¿IGUAL LE PASÓ AL HOMBRE?

PARTAMOS DE UNA CUESTIÓN FUNDAMENTAL: EL HOMBRE NO ESTÁ HECHO PARA COMER CARNE; DE OTRO MODO TENDRÍAMOS:

* COLMILLOS GANCHOSOS
* GARRAS
* VISTA AGUDA
* OLFATO AGUDO
* CARRERA RÁPIDA
* INSTINTO DE PRESA
* INTESTINO CORTO

PERO EN CAMBIO, NO CONTAMOS CON COLMILLOS GANCHUDOS, NUESTRAS UÑAS SON DÉBILES, NO PODEMOS ALCANZAR A OTROS ANIMALES SIN CANSARNOS, LA VISTA Y EL OLFATO SON DÉBILES...

¿DE DÓNDE SALIÓ EL HOMBRE CAZADOR?

¡SI NINGÚN CHANGO ES CAZADOR Y NINGUNO COME CARNE...!!

LOS HOMBRES NO SOMOS OTRA COSA QUE CHANGOS CON ROPA, HECHOS PARA COMER HIERBAS, FRUTOS, VERDURAS Y SEMILLAS, PERO NO <u>CARNE</u>...

..CUANDO VAYAN A VISITARNOS AL ZOOLÓGICO, VERÁN QUE NINGUNO DE NOSOTROS COMEMOS CARNE..

SI LA NATURALEZA NOS HUBIERA HECHO CARNÍVOROS, NOS HUBIERA PROVISTO DE GARRAS, COLMILLOS GANCHOSOS, VISTA Y OLFATO AGUDOS, CARRERA RÁPIDA E INSTINTO DE PRESA.. ¡PERO NO..!

..LAS UÑAS DEL HOMBRE SON DÉBILES, NO PODEMOS ALCANZAR A NINGÚN ANIMAL SIN ARMAS Y EL OLFATO Y LA VISTA NOS FALLAN DE A FEO... ¡SOMOS FRUGÍVOROS!!

EN LA BOCA CONTAMOS CON UNA HERRAMIENTA <u>IMPROPIA</u> PARA DESGARRAR Y MASTICAR CARNE, Y LA SALIVA HUMANA NO SE DIGA: NO PUEDE HACER NADA CONTRA LA CARNE..

NI QUERIENDO...

LLEGA ASÍ LA CARNE AL ESTÓMAGO, DONDE LA RECIBE UN ÓRGANO MUSCULAR DÉBIL Y UN JUGO DIGESTIVO CON POCOS ÁCIDOS, UN ESTÓMAGO TOTALMENTE IMPROPIO PARA DIGERIRLA, PERO QUE SE VE FORZADO A HACERLO COMO PUEDE..

CHIN: YA LLEGÓ ESA PESADA DE LA ALBÓNDIGA..

POCO A POCO, ESTÓMAGO E INTESTINOS (Y EL HÍGADO) SE CANSAN, DISTROFIAN Y SON INCAPACES PARA CUMPLIR AL CENTAVO SUS FUNCIONES... Y TODO EMPIEZA A FALLAR EN FEA FORMA..

YA LOS QUISIERA VER CHAMBEANDO HORAS EXTRAS CON UN BISTEC!

SE FORMA EN EL HÍGADO EL ÁCIDO ÚRICO, LA SANGRE SE IMPURIFICA Y ACIDIFICA, EXCITANDO ASÍ AL CORAZÓN, ENDURECIENDO VENAS Y ARTERIAS, FATIGANDO LOS RIÑONES..

.. Y CAUSANDO EN ÚLTIMA INSTANCIA LA UREMIA *

O SEA, AL RIÑÓN SE LE PONE DIFÍCIL PARA EXPULSAR LA ORINA

PERO.. ¡AUN HAY MÁS!, COMO DICE EL TARADITO TARADOR DOMINICAL... AL COMER CARNE ESTAMOS COMIÉNDONOS UN CADÁVER: LA CARNE CONTIENE CINCO MILLONES DE BACTERIAS EN PUTREFACCIÓN POR GRAMO, O COMO QUIEN DICE, HAY MÁS BACTERIAS EN LA CARNE QUE EN LA POPÓ..

COMERSE UN BISTEC ES COMERSE UNA CANTIDAD INCREÍBLE DE VENENOS..

PERO -DIRÁN LOS ESCÉPTICOS- AL COCERSE LA CARNE, TODAS ESAS BACTERIAS SON DESTRUIDAS..

¿YA VES QUE SÍ??? ¡POS NO!

LA MAYORÍA DE LAS BACTERIAS RESISTEN EL COCIMIENTO Y VAN A PUDRIRSE AL INTESTINO.. Y A CAUSAR TODO TIPO DE PROBLEMAS..

34

EL ORGANISMO PUEDE
TARDAR AÑOS EN
PRESENTAR AL COBRO
LA FACTURA DE SUS
CUENTAS, PERO AL
FIN LA PRESENTA...

LOS CALDOS DE CARNE, CONSIDERADOS EN OTROS YA
IDOS TIEMPOS MUY NUTRITIVOS, ESTÁN FORMADOS POR
UN CONJUNTO DE RESIDUOS TÓXICOS DE MUY ESCASO
VALOR ALIMENTICIO, POR SER DESECHOS DEL TRA-
BAJO MUSCULAR... (SU COMPOSICIÓN QUÍMICA TIENE
UNA GRAN SEMEJANZA BIOLÓGICA CON LA DE LA ORINA)

¡AH, PERO LA CARNE, TIENE PROTEÍNAS, QUE EL CUERPO HUMANO NECESITA A CHALECO!!

EN EFECTO: LA CARNE ES RICA EN PROTEÍNAS Y LAS PROTEÍNAS DE ORIGEN ANIMAL SON INDISPENSABLES AL ORGANISMO, PERO UNA ALIMENTACIÓN BALANCEADA NECESITA, NO SÓLO PROTEÍNAS, SINO TAMBOR OTRAS COSAS...

¿QUÉ OTRAS COSAS?

- VITAMINAS
- CARBOHIDRATOS
- MINERALES
- GRASAS
- CELULOSA

COMENCEMOS POR LAS # SALES MINERALES

QUE SON PRINCIPALMENTE SEIS: CALCIO, SODIO, POTASIO, MAGNESIO, FÓSFORO Y HIERRO.

¿Y DE QUÉ LE SIRVEN AL CUERPO ESAS SALES?

EL CUERPO YA TRAE SUS SALES, PERO SE LE VAN GASTANDO: HAY QUE REPONERLAS O NO FUNCIONA...

ASÍ POR EJEMPLO, LOS HUESOS NECESITAN CALCIO; EL SISTEMA NERVIOSO, MAGNESIO Y POTASIO; LA SANGRE, HIERRO; LOS MÚSCULOS, POTASIO; Y LOS TEJIDOS, SODIO (EL CEREBRO, FÓSFORO).

¿Y CÓMO ANDA LA CARNE EN SALES MINERALES?

REGULARZONA: HAY MUCHÍSIMOS ALIMENTOS QUE TIENEN MUCHAS MÁS SALES QUE LAS CARNES: EL HUEVO, LA LECHE, LAS VERDURAS, LOS CEREALES Y LOS QUESOS...Y Q. SON MUCHO MÁS FÁCILES PARA DIGERIRSE...!

INCLUIMOS AQUÍ UNA LISTA
BASTANTE BUENA Y
DETALLADA DE

LOS MINERALES

LOS
PRINCIPALES
ELEMENTOS
VITALES
SON:

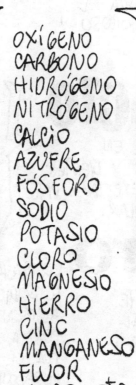

OXÍGENO
CARBONO
HIDRÓGENO
NITRÓGENO
CALCIO
AZUFRE
FÓSFORO
SODIO
POTASIO
CLORO
MAGNESIO
HIERRO
CINC
MANGANESO
FLÚOR
YODO, ETC.

LA MAYORÍA DE ESOS ELEMENTOS SON MINERALES, Y EL CUERPO LOS TOMA DE LOS ALIMENTOS...

EN SEGUIDA, UNA LISTA DE LOS MINERALES Y SUS FUENTES:

AZUFRE

BÁSICO - JUNTO CON EL FÓSFORO - PARA EL SISTEMA NERVIOSO Y SEXUAL.

COL CRUDA
CEBOLLAS
AJO
RABANITOS
HUEVO.

CALCIO

FUNDAMENTAL EN LOS HUESOS Y DIENTES. REDUCE LA EXCITABILIDAD NEURO-MUSCULAR.

COL DE BRUSELAS
ESPINACAS
VERDURAS
LECHE · QUESO ·
FRUTA FRESCA
ZANAHORIAS

cloro

(COMPONENTE DE LA SAL DE COCINA)

EL CUERPO CONSUME EL CLORATO DE SODIO QUE EXTRAE DE LOS ALIMENTOS VEGETALES. LA SAL, EN FORMA MINERAL, NO ES EMPLEADA POR EL ORGANISMO, SINO QUE ES DESALOJADA TOTALMENTE.

flúor

FUNDAMENTAL PARA EL
ESMALTE DE LOS DIENTES,
LOS OJOS, EL ESQUELETO EN
GRAL. SU FALTA PRODUCE
TRASTORNOS EN LA ESPINA DORSAL

- GERMEN DE TRIGO
- LECHE
- LECHUGA
- ESPINACAS
- BERRO · COL
- ARROZ INTEGRAL
- AVENA

FÓSFORO

FUNDAMENTAL PARA
EL SISTEMA
NERVIOSO Y LOS
HUESOS

- CEBADA ←
- ESPINACAS
- CHÍCHAROS
- EJOTES
- TRIGO · AVENA · ARROZ
- PAPAS
- NUECES
- LECHE · YEMA · QUESO.

HIERRO

IMPORTANTÍSIMO
PARA LA SANGRE Y
CONTRA LAS
ANEMIAS

- ESPINACAS ←
- LECHUGA · ACELGAS.
- PEPINOS
- EJOTES · ZANAHORIAS
- JITOMATE
- HÍGADO
- YEMA DE HUEVO

MAGNESIO

DOMINANTE EN
LA MATERIA GRIS
DEL SISTEMA
NERVIOSO, ASEGURA LA
COHESIÓN DE LAS
CÉLULAS PROTEICAS.

- PAPAS
- HUEVO · LECHE
- SOYA
- ESPINACAS
- FRIJOLES
- ESPÁRRAGOS
- TRIGO ENTERO.

manganeso

IMPORTANTE EN EL SISTEMA LINFÁTICO, LLEVA EL OXÍGENO HASTA LAS CÉLULAS LEJANAS.

{ NUECES
SOYA
VERDURAS
ALGAS

PoTaSIO

PARA LOS TEJIDOS MUSCULARES. IMPORTANTE EN LAS FUNCIONES DEL BAZO E HÍGADO.

{ PAPAS
HUEVO·LECHE
ESPINACAS
ESPÁRRAGOS
TRIGO
FRIJOLES·SOYA.

SAL ↔ sodio

{ HUEVO·LECHE·
CHÍCHAROS
TRIGO·AVENA·
ESPINACAS·

SAL DE MAR · SU CONSUMO DEBE LIMITARSE LO MÁS POSIBLE, PUES DESMINERALIZA AL ORGANISMO. (EL SODIO DESPLAZA AL POTASIO) 10 GRAMOS DIARIOS, BUENO... EN EXCESO, AFECTA MUCHO A LOS RIÑONES.

YODO

LA FALTA DE YODO PRODUCE EL BOCIO Y EL IDIOTISMO.

{ ALGAS MARINAS
RABANITOS
BERRO·AJO·
ESPÁRRAGOS
ALCACHOFAS
EJOTES
COL

ZInC

ESENCIAL EN EL CEREBRO. FORMA PARTE DE LA MOLÉCULA DE LA INSULINA (Y PARA EVITAR EL ENCANECIMIENTO).

{ NUECES
ESPINACAS
LECHUGA·COLIFLOR·
OSTIONES
ESPÁRRAGOS

LAS VITAMINAS SON SUSTANCIAS QUÍMICAS QUE REFUERZAN AL ORGANISMO EN SUS FUNCIONES, Y LAS HAY, PRINCIPALMENTE, DE **SEIS** CLASES:

VITAMINA **A**: DEL CRECIMIENTO
VITAMINA **B**: DE LA NUTRICIÓN
VITAMINA **C**: DE RESFRIADOS
VITAMINA **D**: DE LOS HUESOS
VITAMINA **E**: DE LA REPRODUCCIÓN
VITAMINA **P**: DE LA ANEMIA

(HAY OTRA, LA K, DE LA COAGULACIÓN, QUE SE ENCUENTRA APENAS EN ESTUDIO Y PRUEBAS)

PUES BIEN: ENTRE LOS ALIMENTOS MÁS RICOS EN CADA VITAMINA, NO ENCONTRAMOS POR NINGÚN LADO A LA FAMOSA Y PRESUMIDOTA CARNE. VEAMOS:

LAS MeNtaDAS VITaMinAs

POR AÑOS Y AÑOS LOS NATURISTAS HAN ESTADO MUELE Y MUELE, PREDICANDO QUE EL CUERPO APROVECHA MEJOR LAS VITAMINAS EN SU FORMA NATURAL, QUE EN FORMA SINTÉTICA...

¿LE RECETARON HIERRO AL NIÑO? ¡QUE SE COMA UNAS TACHUELAS...!

TOMADA LA VITAMINA EN PASTILLAS, EL METABOLISMO, O SEA SU APROVECHAMIENTO POR EL ORGANISMO, ES DEFICIENTE, Y A LA LARGA SOLO SIRVE EL 50% DE LO INGERIDO (NO ES ARGUMENTO NUESTRO, SINO DEL FAMOSO MÉDICO DR. PFEIFFER)

O SEA QUE, TOMANDO LAS VITAMINAS EN PASTILLAS NOS ESTAMOS HACIENDO PATOS EN UN 50%... COMO YA LO DIJIMOS, FRUTAS Y VERDURAS SON RICAS EN TODA CLASE DE VITAMINAS. HE AQUÍ UNA LISTA DE ALIMENTOS Y VITAMINAS:

vitamina A

ESPINACAS
PEREJIL
BERRO
ACEITE de HÍGADO de BACALAO
HÍGADO DE TERNERA
HUEVO
SEMILLAS DEL ROSAL
ACEROLA

complejo B

b1 (tiamina)

SOYA
CHÍCHAROS
LENTEJAS
JAMÓN CRUDO
NUEZ DE LA INDIA
GERMEN DE TRIGO
FRIJOLES
AVENA
→ LEVADURA DE CERVEZA

b2 (riboflavina)

HUEVOS
LECHE
CHICHAROS
COLIFLOR
CHAMPIÑONES
HIGADO ⟩ TERNERA
SESOS
ESPINACAS
→ LEVADURA DE CERVEZA
→ SOYA
CACAHUATES
NUECES
→ TRIGO ENTERO
PEPITAS
SEMILLA GIRASOL

b6 (piridoxina)

→ LEVADURA DE CERVEZA
LEGUMBRES SECAS
HIGADO
SEMILLAS DE GIRASOL
PLÁTANOS
SOYA
CARNE MAGRA

b3 (niacina)

→ GERMEN DE TRIGO
CACAHUATES
HÍGADO DE TERNERA
RIÑONES
PESCADO
LEVADURA DE CERVEZA ←
PAN NEGRO

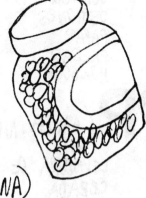

b12 (CIANOCOBALAMINA)

GERMEN DE TRIGO
HÍGADO DE TERNERA
MARISCOS

acido pantoténico

HUEVO (YEMA)
HÍGADO TERNERA
→ LEVADURA DE CERVEZA
CHÍCHARO SECO
GERMEN DE TRIGO
AVENA
CACAHUATES
HONGOS
SOYA
→ JALEA REAL

ácido fólico

ESPINACAS
HÍGADO
SOYA
LENTEJAS
OSTIONES
PAPAS
FRESAS
HONGOS

PP (AMIDA NICOTÍNICA)

LEVADURA DE CERVEZA←
CEBADA
HÍGADO
PESCADO
CARNE MAGRA

biotina (VITAMINA H)

YEMA DE HUEVO/JALEA REAL/

P.A.B. (ÁCIDO PARA-AMINOBENZOICO) ¡PUF!

GERMEN DE TRIGO
LEVADURA DE CERVEZA←
MIEL (JALEA REAL)

* TERMINA AQUÍ EL COMPLEJO B

vitamina C

→ SEMILLAS DE ROSAL
LIMÓN
NARANJA
TORONJA
PASA DE CORINTO
ACEROLA
(GROSELLA)

vitamina D

→ GERMEN DE TRIGO
VÍSCERAS
CHAMPIÑONES
QUESOS
AVENA
HUEVO
→ SEMILLA DE GIRASOL

vitamina E (TOCOFEROL)

→ GERMEN DE TRIGO
ALFALFA
ALGAS MARINAS
LECHUGA
PAPAYA
HUEVO
HÍGADO
CEREALES

y la K (ÚLTIMA VITAMINA DESCUBIERTA..)

ALFALFA
ALGAS MARINAS
COLIFLOR
ESPINACAS
MASCABADO
ZANAHORIA
HUEVO (YEMA)
ACEITE de HÍGADO

ANTIHEMORRÁGICA.

POR SI NO LO NOTARON - O LEYERON - HAY VARIOS ALIMENTOS QUE CONTIENEN TODAS (O CASI) LAS VITAMINAS:

SOYA · GERMEN DE TRIGO · HUEVOS. LEVADURA DE CERVEZA. HÍGADO · ESPINACAS · NUECES.

LAS PARTES DE LA CARNE QUE SÍ CONTIENEN VITAMINAS SON EL HÍGADO Y LOS RIÑONES...

¿ENTONCES?

PUES.. VOLVEMOS A LO MISMO: SON ALIMENTOS RICOS EN VITAMINAS Y PROTEÍNAS..¡PERO DE GRAN RIESGO POR LOS MALES PROVOCADOS!

ALGUNOS DIETISTAS RECOMIENDAN MUCHO EL HÍGADO DE TERNERA JOVEN, PERO DISECADO EN FORMA NATURAL Y SIN QUÍMICA... Y DE ANIMALES ALIMENTADOS **SIN** PRODUCTOS QUÍMICOS.

¿LADRONES DE VITAMINAS?

UN ASPECTO QUE SE NOS OLVIDA A LA HORA DE COMER, ES EL ANTAGONISMO QUE EXISTE ENTRE TABACO Y VITAMINAS... Y ALCOHOL Y VITAMINAS. ESTOS ELEMENTOS, AJENOS AL ORGANISMO, TIENEN LA "VIRTUD" DE DESTRUIR LAS VITAMINAS O DE ALTERAR SU COMPOSICION, DE TAL MANERA QUE YA NO SIRVAN PARA NADA..

LA NICOTINA ES ENEMIGA DE LA VITAMINA C

...Y EL ALCOHOL TIENE IGUAL EFECTO SOBRE EL COMPLEJO B, DE AHÍ LAS ANEMIAS QUE LES RESULTAN A LOS BEBEDORES..

LA PENICILINA ES EL OTRO ELEMENTO LADRÓN DE VITAMINAS, SOBRE TODO DE LAS DEL COMPLEJO B..

CHÍN!

EL OTRO ANTAGONISTA ES.. LA MODERNA QUÍMICA ALIMENTICIA : PRODUCTOS PARA CONSERVAR LOS ALIMENTOS, COLORANTES, EDULCORANTES, BLANQUEADORES, ETC.

DESCONFÍE SIEMPRE DE LOS ALIMENTOS QUE SE ANUNCIAN COMO "SUPERVITAMINADOS"!

EN REALIDAD, NO TIENEN NADA...

¿Y DE LOS CARBOHIDRATOS CÓMO ANDA LA CARNE?

LOS CARBOHIDRATOS — FÉCULAS, ALMIDONES Y AZÚCARES— SON, COMO QUIEN DICE, EL COMBUSTIBLE DEL CUERPO.. LA CARNE NO CONTIENE NADA DE CARBOHIDRATOS, QUE SE ENCUENTRAN PRINCIPALMENTE EN ESTOS ALIMENTOS: AZÚCAR • PASTAS • TORTILLAS • CHOCOLATE • ARROZ • GARBANZOS • AVENA • PAN • LECHE • HABAS • etc.

AH, PERO EL EXCESO DE CARBOHIDRATOS ES MALO POR SU MONTÓN DE ÁCIDOS, ESPECIALMENTE EN EL PAN, LAS PASTAS, SEMILLAS LEGUMINOSAS, ETC. LOS CARBOHIDRATOS MÁS ASIMILABLES SE ENCUENTRAN EN LA LECHE, LA AVENA, EL PLÁTANO (Y OTRAS FRUTAS, COMO LA MANZANA, LA PERA, LA TUNA, etc.)

¿Y LAS GRASAS?

¿LA CARNE CONTIENE GRASAS?

LAS GRASAS SON NECESARIAS PARA EL CUERPO, HASTA CIERTO LÍMITE; DESPUÉS ES GORDURA Y LLANTAS... Y PELIGRO PARA LA SALUD. LA CARNE TRAE BASTANTE GRASA —SOBRE TODO LAS "CARNITAS"— PERO TAMBIÉN LA TRAEN LAS NUECES, ALMENDRAS, LENTEJAS, AVENA, MAÍZ, O ANIMALES COMO LOS PATOS Y TIBURONES..

¿ME HARÍAN EL FAVOR DE DECIRME SI TODAVÍA TENGO OMBLIGO?

53

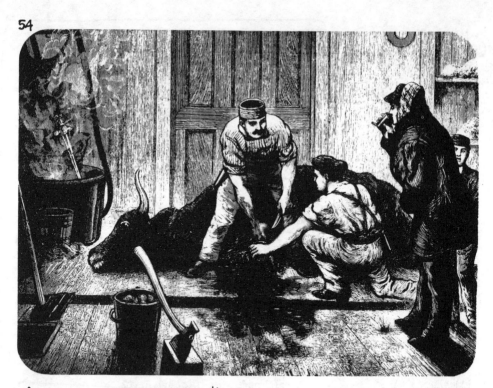

ALGUNAS PERSONAS TODAVÍA CREEN LA LEYENDA DE QUE LA SANGRE DE TORO TOMADA AL PIE DEL CAÑÓN ES LA GRAN MARAVILLA ENERGÉTICA...Y LO QUE ES SOLAMENTE ES UN EXCITANTE TÓXICO QUE NO CONTIENE NADA DE HIERRO (COMO CREEN) Y QUE, SI HACE REACCIONAR DE MOMENTO AL CUERPO, ES SÓLO POR LA GRAN CANTIDAD DE TOXINAS QUE CONTIENE...

LOS RESULTADOS NEFASTOS DE BEBER LA SANGRE VIENEN "MÁS DESPUÉS" CON UN CHORRO DE ENFERMEDADES...

DICHO SEA CON PERDÓN:

COMER BUEY ES HACERSE...

¿QUÉ VAMOS A SACAR DE LOS PRODUCTOS CADAVÉRICOS DEL ANIMAL, QUE ÉSTE NO HAYA SACADO DEL REINO VEGETAL..? EL BUEY FORMA Y MANTIENE SU CUERPO CON LA SUSTANCIA QUE EXTRAE DE LOS PASTOS Y FORRAJES, PERO SU CARNE, AL MORIR, SE VUELVE UN VENENO...

¿QUÉ LE OCURRE A UN SER HUMANO AL VERSE ANTE LA MUERTE?

(A MUCHOS SE LES SUELTA EL ESTÓMAGO DEL MIEDO..)

(LOS FUSILADOS SE HACEN LA POPÓ SIN DARSE CUENTA..) PERO CUALQUIER PERSONA, ANTE UN SUSTO FUERTE, PRODUCE EN SU ORGANISMO ADRENALINA, UN ÁCIDO HORMONAL QUE AUMENTA LA PRESIÓN Y ENVENENA LA SANGRE: DESPUÉS DEL SUSTO TODO MUNDO SE ENFERMA, QUIÉN MÁS, QUIÉN MENOS.

HASTA EL MÁS MACHO SUFRE..

A LOS POBRES ANIMALES LES PASA LO MISMO, PERO PEOR: ANTE EL SUSTO DE MORIR Y LA FORMA VIOLENTA EN QUE ELLO OCURRE, SU ORGANISMO PRODUCE TODA UNA SERIE DE ÁCIDOS TÓXICOS QUE ENVENENAN SU CARNE .. Y QUE LOS CARNÍVOROS INGIEREN.

UN ANIMAL, AUN EN EL RASTRO, ES UNA HERMOSA COLECCIÓN DE VIRUS, TOXINAS Y DEMÁS PORQUERÍAS, QUE INYECTADAS EN PEQUEÑA PROPORCIÓN A UN CONEJO, LE CAUSAN LA MUERTE FULMINANTE..

VISITE UN RASTRO...Y SALDRÁ VEGETARIANO

Y ADEMÁS, LAS RESES PADECEN DE TUBERCULOSIS PULMONAR (GENERALMENTE), DEL HÍGADO Y A VECES DE OTRAS COSAS (AFTOSA, ENCEFALITIS, etc.)

Y ADEMÁS, SI VDS. CONOCEN LOS RASTROS DEL PAÍS, SE PODRÁN IMAGINAR MÁS COSAS... *

* LA CARNE QUE USTED COMPRA EN EL SUPER O CARNICERÍA, YA LLEVA VARIOS DÍAS DE ESTAR DESCOMPONIÉNDOSE, PESE A LA REFRIGERACIÓN...

TOTAL:

la carne es un VENENO

(LENTO, PERO SEGURO..)

¿QUIÉN LO DICE?

59

ÉSTA NO ES UNA SIMPLE "TEORÍA" DESPISTADA O AMARILLISTA, SINO EL RESULTADO DE LA PRÁCTICA DE SIGLOS Y SIGLOS DE ALIMENTACIÓN VEGETARIANA DE PUEBLOS ENTEROS Y CIVILIZADOS...

COMO LO SON LOS ASIÁTICOS..

..Y DE ESTUDIOS CIENTÍFICOS PROBADOS Y COMPROBADOS.

LA LISTA DE GRANDES HOMBRES QUE HAN VIVIDO SIN CARNE, PESE A LO CUAL SE HAN DESARROLLADO, CRECIDO Y DESTACADO, ES ENORME

(Y SOBRE TODO, IMPRESIONANTE :)

PITÁGORAS⟩FRANKLIN⟩GOETHE⟩LAMARTINE
FRANK LLYOD WRIGHT⟩SÓFOCLES⟩ROUSSEAU
LENIN⟩LEONARDO DA VINCI⟩FLAMMARION
TIZIANO⟩DARWIN JOHN DEWEY⟩ARTURO
TOSCANINI⟩GALILEO⟩BUDA⟩CHAPLIN
LEON XIII⟩BERTRAND RUSSELL⟩SRI
AUROBINDO⟩WENDELL HOLMES
SIBELIUS⟩PLATÓN⟩TOLSTOI
BERNARD SHAW⟩GHANDI
DORÉ⟩SPENCER⟩JULIAN HUXLEY
MALTHUS⟩FREUD⟩JOHN STUART MILL
EDISON⟩PASCAL⟩MILTON⟩CALVINO

ETC.(SIN MENCIONAR
A JESUCRISTO..)

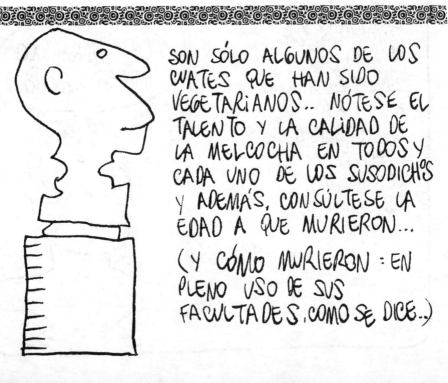

SON SÓLO ALGUNOS DE LOS CUATES QUE HAN SIDO VEGETARIANOS.. NÓTESE EL TALENTO Y LA CALIDAD DE LA MELCOCHA EN TODOS Y CADA UNO DE LOS SUSODICHOS Y ADEMÁS, CONSÚLTESE LA EDAD A QUE MURIERON...

(Y CÓMO MURIERON: EN PLENO USO DE SUS FACULTADES, COMO SE DICE..)

ES INDUDABLE QUE EXISTE UNA
RELACIÓN ENTRE EL ALIMENTO
Y EL TRABAJO INTELECTUAL,
¡Y NI HABLAR DEL TRABAJO
FÍSICO! EXPERIMENTOS QUE SE
HAN HECHO CON ATLETAS Y
EXPLORADORES, HAN DEMOSTRADO
CON CRECES LA SUPERIORIDAD DE
LA ALIMENTACIÓN VEGETARIANA SOBRE
LA CARNÍVORA.
   EN PLENA REVOLUCIÓN APARECIÓ
EN LA PRENSA NACIONAL ESTA NOTITA:

"....Pero lo peor del caso,
es que los villistas pasan
muchos días sin comer.
Casi nunca se les dá dinero y su comida, se reduce
a un puñado de trigo her-
vido y tunas que recogen
en la montaña...." Perió-
dico diario "El Universal",
en su núm. 1001 de Julio
16 del corriente año.

(TOMEN NOTA
LOS FUTUROS
GUERRILLEROS)
(DE BOLIVIA, CLARO)

BERNARD SHAW

(EL INCREÍBLE VIEJO) VEGETARIANO

"UNA COSA ES EXTERMINAR UN BICHO, Y OTRA COMÉRSELO.."

GEORGE BERNARD SHAW, FAMOSÍSIMO LITERATO Y HUMORISTA INGLÉS, MURIÓ (SE EXTINGUIÓ, MÁS BIEN) A LOS 94 AÑOS DE EDAD. SIN PADECER NINGUNA ENFERMEDAD, LÚCIDO DE SU MENTE Y ENTERO DE SU CUERPO... ¿CÓMO LE HIZO ???

SHAW PASÓ 70 AÑOS SIN PROBAR CARNE Y NUNCA LA NECESITÓ, AL CONTRARIO:

"ODIO VER MUERTOS EN VIDA CAMINANDO POR LAS CALLES. YO, SIN COMER CARNE, ME SIENTO DIEZ VECES MÁS FUERTE QUE CUALQUIER COMEDOR DE CADÁVERES EN PUTREFACCIÓN..."

"EL MÁS FUERTE DE LOS ANIMALES, EL TORO, ES VEGETARIANO; AUN EL LEÓN, CUANDO SUFRE MALESTARES ESTOMACALES —Y ES LO MÁS FRECUENTE— OLVIDA LA CARNE Y CONSUME PASTOS Y HIERBAS.

SE HA VISTO QUE LA CRUELDAD DEL LEÓN OBEDECE, NO A SU INSTINTO, SINO A SU ESTADO DE ENFERMEDAD PROVOCADO POR LA CARNE QUE HA COMIDO..."

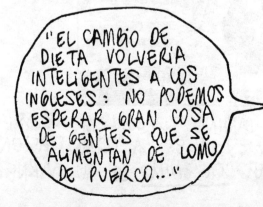

"EL CAMBIO DE DIETA VOLVERÍA INTELIGENTES A LOS INGLESES: NO PODEMOS ESPERAR GRAN COSA DE GENTES QUE SE ALIMENTAN DE LOMO DE PUERCO..."

¿Y EL POLLITO FRITO??

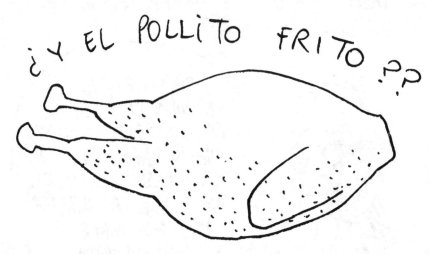

LA CARNE DE POLLO, POR SER BLANCA, ES MENOS DAÑINA QUE OTRAS CARNES, SOBRE TODO SI EL ANIMAL ES JOVEN Y NO ESTÁ ALIMENTADO CON TÓXICOS QUÍMICOS Y PRODUCTOS SIMILARES QUE SE USAN HOY PARA ENGORDARLOS RAPIDITO...

PERO LO QUE HACE DAÑINO EL CONSUMO DE ESTA Y LAS DEMÁS CARNES, NO ES LA ALIMENTACIÓN DEL ANIMAL, SINO EL CONTENIDO DE SU CARNE..

EL PESCADO ES -EN EFECTO- UNO DE LOS ALIMENTOS MÁS COMPLETOS QUE EXISTEN, TANTO EN PROTEÍNAS COMO EN VITAMINAS, GRASAS (GULP) Y MINERALES..

AHORA BIEN: EL PESCADO NO DEJA DE SER CARNE, PUES ES Y SIGUE SIENDO UN ANIMAL. POR LO TANTO TIENDE A DESCOMPONERSE (MÁS INCLUSO QUE LA CARNE) AL POCO TIEMPO DE PESCADO, AUNQUE NO CAUSA TANTOS MALES COMO LA CARNE DE RES, PUERCO, CORDERO, BORREGO, ETC. ETC. ETC.

LOS NUTRIÓLOGOS RECOMIENDAN, EN CASO DE COMER PESCADO, VARIAS COSITAS. A SABER:

* COMERLO BIEN FRESCO
* PREFERIR EL CHICO AL GRANDE
* PREFERIR EL BLANCO AL AZUL O ROJO
* COMERLO EN POCA CANTIDAD.
* NO FREÍRLO EN ACEITE.

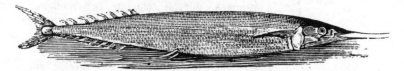

POS SÍ, PORQUE SE DA UNO CADA INTOXICADA!

LOS MARISCOS SÍ SON SUMAMENTE PELIGROSOS Y TÓXICOS, APARTE DE QUE GRACIAS A LA CONTAMINACIÓN DE LAGUNAS Y COSTAS, SU CONSUMO ES UN ARRIESGUE A LA SALUD. ADEMÁS, LOS MARISCOS SON PEOR QUE LA CARNE EN LA PRODUCCIÓN DE COLESTEROL, Y PEOR ENLATADOS. ¿LA TORTUGA? OLVÍDESE: ES LO PEOR...

ALGO EXTRA
SOBRE LOS
OSTIONES Y
CAMARONES:

TENGA MUCHO CUIDADO CON LOS OSTIONES Y CAMARONES QUE PROVENGAN DEL PANUCO. ESTAN CONTAMINADOS.

Los biólogos Héctor González Aguirre y José Castillo Tovar, coordinadores del Programa de Investigación del Río Pánuco por parte de la Universidad Autónoma de Nuevo León, afirmaron hoy que las lagunas de Pueblo Viejo y El Chairel, en donde se vierten aguas del río Pánuco, están parcialmente contaminadas.

Los camarones y ostiones que se extraen de la primera, dijeron, causan enfermedades, entre otras la colitis, a miles de habitantes del país que los consumen.

González Aguirre y Castillo Tovar, este último director de la Facultad de Biología de UANL, así como el ingeniero Fernando Valerio, director de Investigaciones Científicas de la misma casa de estudios, al ser entrevistados señalaron que ayer a las 12.45 horas, se entrevistaron en la capital con el ingeniero Francisco Sánchez Camacho, director de Lagunas y Litorales de la Secretaría de Recursos Hidráulicos, para informarle sobre el resultado de la primera etapa del estudio biocológico y de toxicidad, realizado por el personal de la Universidad Autónoma de Nuevo León, en lagunas y estuarios del río Pánuco.

En los estudios, dijeron los biólogos, participaron siete maestros y ocho alumnos de la facultad de Biología de la UANL, y de los mismos se desprendieron que las bacterias coliformes que corresponden a los desechos fecales, se vierten al río Pánuco y llegan a las citadas lagunas que las contaminan parcialmente y por ende, a los camarones y ostiones.

Los citados productos en los humanos, al ser ingeridos en ciertas cantidades, pueden producir enfermedades tales como diarreas, gastroenteritis, colitis y enterocolitis, afirmaron.

También indicaron que en los estudios que a Recursos Hidráulicos entregaron, se menciona que se tomaron parámetros ambientales, tales como la temperatura, el potencial hidrógeno, la salinidad, la turbiedad y se determinó el grado de contaminación y en particular la cantidad de bacilos coliformes que presentaron las muestras.

TOMADO DE LA REVISTA
"GUIA DEL CONSUMIDOR"
NUM. 3

ASÍ, SIMPLEMENTE AL COMER CARNE, EL HOMBRE ESTÁ ALIMENTÁNDOSE CONTRA LAS LEYES NATURALES, FORZANDO SU ORGANISMO Y LLENÁNDOSE DE TOXINAS...

..Y EN CONSECUENCIA, SE ENFERMA..

LA ENFERMEDAD VIENE PUES A SER LA CONSECUENCIA NATURAL DE **VIOLAR** LEYES BIOLÓGICAS, POR TODOS NUESTROS ACTOS QUE SE APARTAN DE LA NATURALEZA: COMEMOS LO QUE NO SE DEBE, NOS ABRIGAMOS INNECESARIAMENTE, HACEMOS NUESTRAS CASAS COMO CALABOZOS, TRABAJAMOS CON IMPACIENCIA Y VIVIMOS EN CONTINUA HIPERTENSIÓN...

..Y DE PILÓN FUMAMOS, BEBEMOS Y NOS "CURAMOS" CON VENENOS..

¿NO ES TODO ESO IR CONTRA LA NATURALEZA?

LA VIOLACIÓN CONSTANTE Y A SABIENDAS DE LAS LEYES BIOLÓGICAS, HAN DADO COMO RESULTADO LA CONTAMINACIÓN DEL MEDIO AMBIENTE Y EL MUNDO ESTÁ A UN PASO DE UN DESASTRE ECOLÓGICO...

PARA EL NATURISMO,
LA ENFERMEDAD NO
ES UN MICROBIO
QUE INVADE EL
CUERPO.
LA ENFERMEDAD
TIENE POR ORIGEN
TRES COSAS TRES:

- LA HERENCIA
- LOS ACCIDENTES
- LAS VIOLACIONES DE LAS LEYES NATURALES.

LA ENFERMEDAD ES EL ESFUERZO
CURATIVO DE LA NATURALEZA
PARA RESTABLECER LA SALUD.

72

PUES SÍ: LAS COSTUMBRES ANTI-VIDA QUE LLEVAMOS, ALTERAN EL NORMAL FUNCIONAMIENTO DEL CUERPO, PRODUCIENDO ÉSTE Y RETENIENDO, LAS SUSTANCIAS TÓXICAS Y MORBOSAS QUE ALTERAN Y ENFERMAN LAS CÉLULAS, ÓRGANOS Y TEJIDOS...

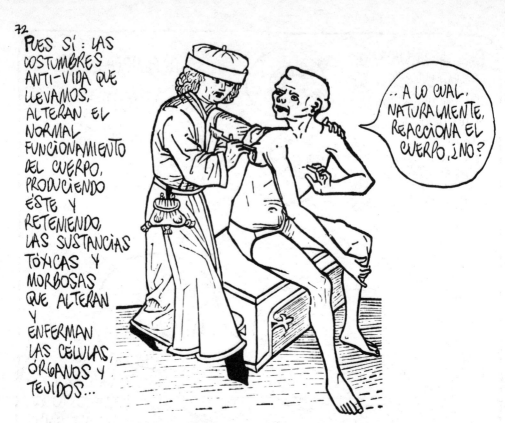

.. A LO CUAL, NATURALMENTE, REACCIONA EL CUERPO, ¿NO?

CLARO: LA REACCIÓN DEL CUERPO AL LLENARSE DE SUSTANCIAS TÓXICAS ES ELIMINARLAS.. ¿CÓMO? POR MEDIO DE LAS ENFERMEDADES...

¿ENTONCES SON BUENAS LAS ENFERMEDADES?

¡CLARO! SON UN PROCESO DE CURACIÓN..

¡EL MUNDO AL REVÉS!

AQUÍ ES DÓNDE, COMO DIJO LA RECIÉN CASADA...

AQUÍ MERO ES EL MEOLLO DE TODO ESTE ASUNTO: PARA LA MEDICINA PROFESIONAL, LA ENFERMEDAD SON LOS SÍNTOMAS, LOS DOLORES... Y AL ELIMINARLOS, CREEN HABERLE DEVUELTO LA SALUD AL CUERPO...

PARA EL NATURISMO, EN CAMBIO, NO HAY ENFERMEDADES, SINO ENFERMOS: EL MAL ESTADO DE SALUD OBEDECE A UN MAL FUNCIONAMIENTO DE LOS ÓRGANOS. RESTABLECIENDO EL BUEN FUNCIONAMIENTO, VUELVE LA SALUD...

LA MEDICINA NATURISTA NO CURA ENFERMEDADES, SINO QUE LAS "APROVECHA" PARA RESTABLECER EL BUEN FUNCIONAMIENTO DEL ORGANISMO...

¿ES SERIO ESTO O ES VACILE..?

¡ESTO ES MÁS SERIO QUE UN MICROBIO!

LAS REACCIONES DEFENSIVAS DE LOS TEJIDOS U ÓRGANOS AFECTADOS POR LAS MATERIAS MORBOSAS -PRODUCTO DE LA MALA ALIMENTACIÓN- DAN LUGAR A CONGESTIONES E INFLAMACIONES QUE VIENEN A SER LAS ENFERMEDADES.

PERO DEJEMOS QUE NOS LO EXPLIQUE UN MÉDICO NATURISTA:

• LAS ENFERMEDADES SON UN INVENTO DE LOS DOCTORES: NO HAY ENFERMEDADES, SINO ENFERMOS (COMO DIJO HIPÓCRATES)

• ENFERMO ES EL INDIVIDUO FALTO DE SALUD. TODOS LOS MALES TIENEN EL MISMO ORIGEN: FALTA DE SALUD EN GRADO VARIABLE...

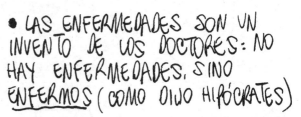

¿Y LA FALTA DE SALUD EN QUÉ CONSISTE?

• EN EL DESARREGLO FUNCIONAL DEL CUERPO, O SEA, EN EL MAL FUNCIONAMIENTO DEL SISTEMA DIGESTIVO, DEL QUE DEPENDEN LOS OTROS SISTEMAS.

• POR ELLO, PARA LOS NATURISTAS, LA SALUD ES BUENA DIGESTIÓN. SÓLO EXISTE UNA ENFERMEDAD: EL DESARREGLO FUNCIONAL DEL ORGANISMO... (DE ELLO VIENEN LOS SÍNTOMAS Q. LLAMAN ENFERMEDADES)

LA LLAMADA "CIENCIA MÉDICA" TOMA LOS **SÍNTOMAS** COMO ENFERMEDADES, COMBATIÉNDOLOS COMO SI FUERAN TALES.. Y NO ATENDIENDO AL RESTABLECIMIENTO DE LA NORMALIDAD DIGESTIVA...

¿ENTONCES QUÉ DIABLOS SON LOS SÍNTOMAS?

☆☆☆☆☆☆☆☆☆☆☆☆☆☆☆☆☆☆☆☆☆☆☆☆

LOS SÍNTOMAS SON SÓLO UN AVISO DEL CUERPO PARA DECIRNOS QUE ALGO ANDA MAL ADENTRO: EL DOLOR, LAS DIARREAS. LAS ERUPCIONES (RONCHAS), FIEBRES Y DEMÁS SÍNTOMAS DE LA ENFERMEDAD INTERNA DEL ORGANISMO...

Y LA PEOR METIDA DE PATA DEL HOMBRE HA SIDO QUERER SOFOCAR LOS DOLORES CON CALMANTES..

¡COMO SI UNA MUELA PICADA SE CURARA QUITANDO EL DOLOR!

{ LO INDICADO ES RESTABLECER LA NORMALIDAD DEL APARATO DIGESTIVO, O LOS SÍNTOMAS VOLVERÁN EN CUANTO PASA EL EFECTO DE LOS "CALMANTES"..!

¿Y LOS DOLORES DE CABEZA?

★★★★★★★★★★★★★★★★★★★★★★★

LOS DOLORES DE CABEZA REVELAN LA IRRITACIÓN PRODUCIDA EN EL CEREBRO POR LOS VAPORES TÓXICOS DE UN APARATO DIGESTIVO EN PLENA FERMENTACIÓN PÚTRIDA. COMBATIR EL DOLOR CON MEJORALES, ALKA-SELTZER O ASPIRINAS ES UN ERROR: NOMÁS SE INTOXICA UNO PEOR..!

¡SIN FALTARLE AL RESPETO A DON VICENTE GUERRERO!

¿POS QUÉ DON VICENTE NO TUVO NUNCA AGRURAS?

CON PERDÓN DE DON VICENTE, DIREMOS QUE ANTES QUE LA PATRIA ESTÁ LA PANZA... PUES UNA PATRIA LLENA DE INDIVIDUOS ENFERMOS ES UNA POBRE PATRIA DADA AL QUESO... ¡EN CAMBIO, UNA PATRIA LLENA DE GENTE SANA Y CON UNA PANZA EN BUEN ESTADO, ES UNA PATRIA A TODO DAR!

¿ACASO EN MÉXICO NOS ALIMENTAMOS MAL??

LA PROTEINA: DEFICIENCIA ANCESTRAL DEL MEXICANO, GOLOSINA EN EL RICO, FRITANGA EN EL POBRE... Y DEMAGOGIA EN EL POLITICO

"El mexicano no sabe comer, por eso es más vulnerable a las enfermedades, por eso resiste menos a las fatigas, su desarrollo físico es incompleto y su productividad deficiente", declaró el secretario de Salubridad y Asistencia, doctor Jorge Jiménez Cantú, quien subrayó que en tanto el aporte proteico en la dieta diaria es inferior en un tercio y hasta en el 50 por ciento en el campo con relación a la ciudad, la élite económica de las zonas urbanas tiene tan graves defectos en su dieta como el abuso.

Explicó Jiménez Cantú que la dieta de las personas debe estar regulada en materia nutricional, en los aspectos cuantitativo y cualitativo, y en el equilibrio de proteínas, vitaminas, minerales, sales y otros elementos, lo que en México no ocurre por falta de educación y orientación nutricional.

Al insistir en que el "mexicano no sabe alimentarse balanceadamente", dijo que el pecado de los ricos que abusan del hambre de los demás, son los excesos.

Por lo contrario, en el campo hay graves carencias que no se suplen, como podía hacerse, aprovechando adecuadamente los nutrientes que puede haber en los alimentos a la mano.

Al respecto, el secretario de Salubridad y Asistencia anunció un inventario por parte de la Secretaría a su cargo y del Instituto Nacional de la Nutrición, para que con base en el mismo, incrementar los programas de orientación nutricional.

Dijo además que la distribución de los alimentos en las grandes urbes, como el Distrito Federal, es gravemente irregular, pues en tanto en las colonias de lujo sobra la comida, en las áreas marginadas escasea o es disfrazada la carencia con antojitos y comestibles sin ninguna propiedad nutricional.

Otro de los graves problemas de alimentación en México es la contaminación de los alimentos que daña de manera muy señalada la salud pública.

82

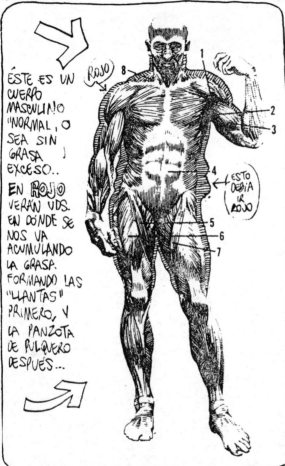

ÉSTE ES UN CUERPO MASCULINO "NORMAL", O SEA SIN GRASA EXCESO..

EN ROJO VERÁN UDS. EN DÓNDE SE NOS VA ACUMULANDO LA GRASA, FORMANDO LAS "LLANTAS" PRIMERO, Y LA PANZOTA DE PULQUERO DESPUÉS...

Y ÉSTE ES OTRO CUERPO MASCULINO, PERO EN CARICATURA..

LA CAUSA DE QUE EL BELLO CUERPO DEL HOMBRE Y LA MUJER, SE HAGA "CARICATURA" A LOS 30 AÑOS, ES LA CANTIDAD Y LA CALIDAD DE LOS ALIMENTOS INGERIDOS...

PERO ESO ES NORMAL, ¿ O NO?

¡NO, NO JOVEN: NO ES NORMAL!

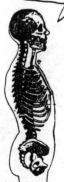

LA GORDURA SE HA VUELTO "NORMAL" POR LA MALA ALIMENTACIÓN DEL SER HUMANO, PERO DENTRO DE LA NATURALEZA LOS ANIMALES GORDOS NO SON NORMALES !!

¿ O ALGUIEN HA VISTO A UN ANIMAL LIBRE QUE ENGORDE SIN TENER NECESIDAD DE ECHAR LLANTAS..?? ¡NO HAY ANIMALES GORDOS!

¿ENTONCES LA OBESIDAD ES UNA - GULP - ENFERMEDAD ??

¡ÁNDELE PUES, DOÑA ROBUSTIANA: LA GORDURA ES UNA ENFERMEDAD, Y CAUSA DE LAS PEORES ENFERMEDADES !

85

¡ESOS DE LOS AGACHADOS YA ME ESTÁN CAYENDO GORDOS POR FLACOS!

¿QUÉ TANTO PASA CON LA GORDURA?

SI ES USTED MUJER, YA SABRÁ LO QUE PASA CUANDO HAY EXCESO DE GRASA: UNA MUJER GORDA TIENE MUCHAS DESVENTAJAS PARA HALLAR QUIÉN LA MANTENGA, QUIERA Y APAPACHE..

SI, BUENO PERO ¿CON QUÉ RÉGIMEN SE ADELGAZA REALMENTE?

CONOZCO UNO QUE PARECE EFICAZ, PERO MEJOR NO ESTROPEARSE EL VERANEO RECORDANDO CÓMO ANDAMOS EN POLÍTICA

Y AUNQUE PROTESTARAN LAS RADICALES SEÑORITAS DEL MOVIMIENTO DE LIBERACIÓN, QUE DICEN QUE PARA LA MUJER ES UNA ESCLAVITUD "GUARDAR LA LÍNEA".. LAS PRINCIPALES BENEFICIADAS SON ELLAS.. Y NO SÓLO POR TRIVIALES MOTIVOS ESTÉTICOS, SINO DE SALUD..

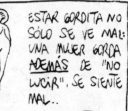

ESTAR GORDITA NO SÓLO SE VE MAL: UNA MUJER GORDA ADEMÁS DE "NO LUCIR", SE SIENTE MAL..

FÍSICA Y MENTALMENTE..

SIMPLE Y SENCILLAMENTE, LA OBESIDAD NO FAVORECE EL BUEN FUNCIONAMIENTO DEL ORGANISMO...

ÓRALE: UNAS CARRERITAS...

SUAVE: TÚ A PIE Y YO EN COCHE...

EL EXCESO DE PESO NO PERMITE TRABAJAR BIEN. EL GORDO SE CANSA LUEGO LUEGO, NO SE PUEDE PRACTICAR NINGÚN DEPORTE (EXCEPTO LA BARRA), CAMINA Y TIENE UNO QUE TOMAR AIRE... ¡NO DISFRUTA IGUAL DE LA VIDA, PUES!

¿Y QUÉ TAL LOS COMPLEJOS?

LOS GORDOS Y GORDAS VIVEN ACOMPLEJADOS (SOBRE TODO ELLAS) Y TIENEN QUE RECURRIR A CADA RATO A "DIETAS ESPECIALES" PARA ESTAR EN FORMA...

TODO SE LO DEBO A MI MÁNAGER...

PERO TODAVÍA ÉSTOS SON PROBLEMAS MENORES COMPARADOS CON LOS QUE PROVOCA LA OBESIDAD EN EL ORGANISMO, SI DEJAMOS QUE LA GORDURA SIGA AUMENTANDO COMO SI NADA...

¡VIEJA: NO ENCONTRÉ TIENDA DE CAMPAÑA DE TU TALLA!

¿QUÉ PROBLEMAS SON ÉSOS?

PRIMERO HAY QUE DECIR QUE LOS PROBLEMAS DE LA OBESIDAD EMPIEZAN A LOS **DIEZ** KILOS DE MÁS.. Y AUMENTAN CONFORME VA SUBIENDO EL PESO.. (COMO PROMEDIO, CALCULÉ SU PESO ASÍ: ¿MIDE 1.58? SU PESO NORMAL SERÁ.. 58 KILOS.. ¿1.70? 70 KILOS..

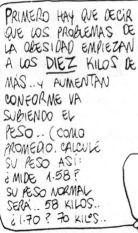

¿10 KILOS DE MÁS? YO YA ME TENGO QUE PESAR DONDE SE PESAN LOS TRAILERS..

ES DECIR, CUANDO HABLAMOS AQUÍ DE GORDURA, NO NOS ESTAMOS SÓLO REFIRIENDO A LOS GORDOS-GORDOS QUE PASARON DE LOS 90 KILOS, SINO AL MEXICANO QUE MIDE 1.60 Y PESA YA SUS 70 KILOS O MÁS... ¿USTÉ ES DE ÉSOS?

SI ES USTED UNO DE ÉSOS (O ÉSAS) PASADITOS DE PESO, EL PRIMER RIESGO AL QUE ESTÁ EXPUESTO ES A QUE LE FALLE EL **CORAZÓN**

¿Y QUÉ TIENE QUE VER EL EXCESO DE GRASA CON EL CORAZÓN..?

¡MUCHO! EL CORAZÓN RECIBE LA SANGRE POR CONDUCTO DE DOS ARTERIAS LLAMADAS CORONARIAS, A DONDE SE VA A ACUMULAR TAMBIÉN LA GRASA... Y CON EL TIEMPO LAS OBSTRUYE TANTO, QUE APENAS DEJA PASAR LA SANGRE..

Y SOBREVIENE EL **INFARTO**

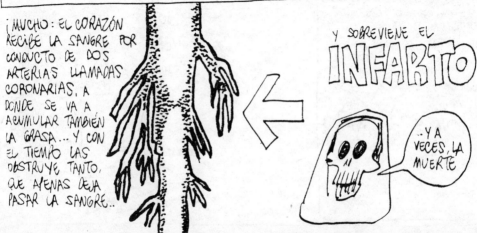

..Y A VECES, LA MUERTE

TODOS LOS MALES CARDIACOS TIENEN EL MISMO ORIGEN: EL ENDURECIMIENTO Y LA OBSTRUCCIÓN ARTERIAL..*

ANGINA DE PECHO, HIPERTENSIÓN, TROMBOSIS Y OTRAS LINDURAS..

* MÁS LA FALTA DE EJERCICIO, EL CIGARRO, ETC.

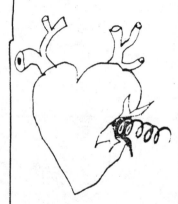

EL COLESTEROL ES LO QUE VA TAPANDO ARTERIAS POCO A POCO... Y EL COLESTEROL LO PRODUCEN ALGUNOS ALIMENTOS DE LOS QUE CONSUMIMOS CADA DÍA... Y EL EXCESO DE GRASAS..

¿CÓMO CUÁLES? (GULP)

EL COLESTEROL PROVIENE PRINCIPALMENTE DE COMER GRASAS, Y PRINCIPALMENTE GRASAS ANIMALES..

(AMÉN DE QUE EL PROPIO ORGANISMO LO PRODUCE)

O SEA, LAS FÁBRICAS MÁS MEJORES DE COLESTEROL SON, EN ORDEN DE MÁS A MENOS:

* LAS MANTECAS Y ACEITES
* LA CARNE DE PUERCO
* LA CARNE DE RES
* LA YEMA DE HUEVO
* LA MANTEQUILLA
* ACEITES VEGETALES
* CHOCOLATE
* FRIJOLES, GARBANZO, etc.
* AZÚCAR BLANCO
* HARINA BLANCA
* (Y EL ABUSO DE FREÍR TODO)

POS DIGA MEJOR QUE LA COMIDA MEXICANA!

DESPUÉS DE AYUNAR 40 DÍAS
Y CUARENTA NOCHES EN EL
DESIERTO, JESÚS TUVO HAMBRE,
MAS, TENTADO POR EL
DEMONIO, DIJO :

No sólo de pan Vive el hombre!

→ RECORDANDO EL ASUNTO Y LAS
CIRCUNSTANCIAS, VEMOS QUE
JESÚS AYUNÓ PREPARÁNDOSE A
INICIAR SUS GIRAS, ES DECIR,
FORTALECIÓ SU ORGANISMO EN
VISTAS DEL INTENSO TRABAJO
QUE LE ESPERABA... ¿AYUNAR
PARA FORTALECERSE? ¿Y ESO?

GHANDI LLEVÓ A CABO A LO LARGO DE SU LUCHA POLÍTICA CATORCE AYUNOS DE TRES DÍAS A TRES SEMANAS DE DURACIÓN, EL ÚLTIMO A LOS 78 AÑOS DE EDAD, COMO UN ARMA PARA OBLIGAR A INGLATERRA QUE LE HICIERA CASO...

(TODO LO QUE TOMABA ERA AGUA)

EN 1877 EL DR. HENRY S. TANNER, EN N·YORK, AYUNÓ POR ESPACIO DE 42 DÍAS TOMANDO SOLO AGUA: BAJÓ DE 72 KILOS A 55, CURÁNDOSE DE TODOS SUS MALES. OTROS EJEMPLOS SIMILARES SE HAN REPETIDO EN TODO EL MUNDO..

¿Y NADIE SE MURIÓ DE HAMBRE?

CON EL NOMBRE DE AYUNO SE CONOCE EL ACTO DE ABSTENERSE DE COMER ALIMENTOS EN UN PLAZO DETERMINADO; LAS BEBIDAS NO QUEBRANTAN EL AYUNO.

¿Y QUÉ OBJETO TIENE?

COMO AGENTE DE CURACIÓN, EL AYUNO OBRA DEJANDO DESCANSAR AL ORGANISMO DEL DIARIO TRABAJO DIGESTIVO. PARA QUE LAS ENERGÍAS QUE DEBEN GASTARSE EN ELIMINAR, ELABORAR Y PRODUCIR LOS ALIMENTOS, PUEDAN SER EMPLEADAS EN PURIFICAR AL ORGANISMO... O SEA:

EL AYUNO ES UN TRATAMIENTO DE LIMPIEZA Y DESINTOXICACIÓN DEL CUERPO.

¿ CÓMO Y CUÁNDO AYUNAR ?

EL AYUNO PUEDE SER DE UNO O VARIOS DÍAS SEGUIDOS, DE UNA VEZ POR SEMANA O POR MES.

* PUEDE SER ABSOLUTO, BEBIENDO SOLO JUGOS O AGUA, O RELATIVO, A PURA FRUTA O ENSALADAS CRUDAS.

* NO ES FORZOSO GUARDAR CAMA, PERO SÍ ESTARSE QUIETOS. SIN HACER MUCHO EJERCICIO: CON PURO JUGO DE NARANJA, UN ADULTO PUEDE HACER CUALQUIER TRABAJO, AUMENTANDO CON ELLO SU POTENCIA INTELECTUAL.

* EL AYUNO SE PRACTICA CUANDO SE NOTE QUE ALGO ANDA MAL ALLÁ ADENTRO..

* TÉCNICAMENTE, EL AYUNO CURA PURIFICANDO LA SANGRE, ACTIVANDO LAS ELIMINACIONES GENERALES Y FAVORECIENDO LA DESTRUCCIÓN DE TOXINAS. DURANTE EL AYUNO, TODAS LAS CÉLULAS HACEN TRABAJO DE ELIMINACIÓN Y, CUANDO QUEDAN LIBRES DE OBSTRUCCIONES DE MATERIAS EXTRAÑAS, VUELVE LA SALUD...

* ¿ NO SE HA FIJADO QUE LOS ANIMALES AYUNAN ??

OTRA COSITA INCREÍBLE PERO CIERTA, ES QUE LA GRIPE Y LOS CATARROS ATACAN MÁS A LOS EXCEDIDOS DE PESO, QUE A QUIENES ESTÁN EN SU PESO..

¿ LA CAUSA?

INTOXICACIÓN ESTOMACAL Y **PULMONAR** POR MALA ALIMENTACIÓN Y EXCESO DE GRASAS Y <u>HARINAS BLANCAS</u>

¡ QUÉ AMOLADA NOS PONEN A LOS GORDOS : VIVIMOS MENOS, Y MÁS AMOLADOS!

YO POR ESO SIGO MEJOR DE FLACO!

¿ A POCO LOS FLACOS NO SE ENFERMAN ?

LOS FLACOS, SI ESTÁN DÉBILES, CLARO QUE SE ENFERMAN...!

ES UN HECHO COMPROBADO EN MILLONES DE CASOS, QUE LOS GORDITOS PADECEN MUCHAS MÁS ENFERMEDADES QUE LA GENTE DELGADA ... POR UNA RAZÓN: PORQUE LOS FLACOS

COMEN <u>MENOS</u>,- PERO SE ALIMENTAN <u>MEJOR</u>..

¿ CÓMO SE VAN A ALIMENTAR MEJOR SI COMEN MENOS?

AAAAH..

ASÍ COMO QUIEN NO QUIERE LA COSA, HEMOS LLEGADO A LA CLAVE AZUL DEL ASUNTO:

COMER MUCHO NO ES LO MISMO QUE ALIMENTARSE BIEN

(SEGUNDA VERDAD .QUE DEBEMOS APRENDER..)

¿CUÁL FUE LA PRIMERA?

QUE ESTAR GORDO NO SIGNIFICA ESTAR SANO..

¿QUIHUBO? ¡YO COMO POCO! ..Y MIREN MI PANZA..

AH .PORKE KOMES POKO Y MALOS..

LA GRAN MAYORÍA DE LOS MEXICANOS ESTÁN EN ESTA CATEGORÍA:

GORDOS Y DESNUTRIDOS.

UNOS PORQUE NO TIENEN DINERO PARA COMER BIEN. PERO LOS MÁS PORQUE NO SABEN COMER..

NO TANTO POR IGNORANCIA. SINO POR SEGUIR LA TRADICIÓN: EN MÉXICO HAY DESNUTRICIÓN Y OBESIDAD POR TRADICIÓN..

..PORQUE YO COMO CARNE

YO COMO CARNE

.PORQUE YO Y MI PADRE Y MI ABUELO COMIERON CARNE..

EN EL NORTE SE COME EL MACHACADO CON HUEVO SÓLO POR TRADICIÓN Y EN TABASCO SE HARTAN DE CHOCOLATE SÓLO POR TRADICIÓN.. Y NO PORQUE EL CHOCOLATE SEA BUENO PARA LOS TABASQUEÑOS O EL MACHACADO NECESARIO PARA LOS NORTEÑOS..

EL CHOCOLATE ES LO PEOR PARA UN TABASQUEÑO.

✳ EL CAMINO DE LA ALIMENTACIÓN ➷

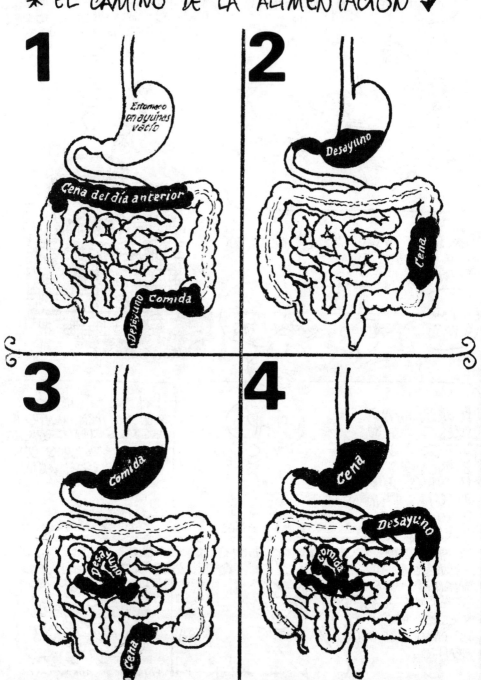

AQUÍ ESTÁ SIMPLIFICADO EL APARATO DIGESTIVO: NOTE BIEN EL ORDEN Y LA DIRECCIÓN QUE LLEVA LA COMIDA HASTA SALIR POR EL RECTO.

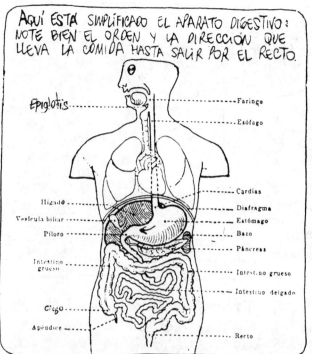

Epiglotis
Faringe
Esófago
Cardias
Hígado
Diafragma
Vesícula biliar
Estómago
Píloro
Bazo
Páncreas
Intestino grueso
Intestino grueso
Intestino delgado
Ciego
Apéndice
Recto

EN EL PASO DEL ALIMENTO POR EL ESTÓMAGO E INTESTINOS, ES TRANSFORMADO MEDIANTE DIVERSAS FUNCIONES, EN LO QUE EL CUERPO NECESITA... Y LO QUE NO LE SIRVE AL CUERPO ES ELIMINADO...

W.C.

VÍA POPÓ O PIPÍ...

ALGUNOS ALIMENTOS, SIN EMBARGO, HACEN TRABAJAR MÁS AL ESTÓMAGO Y ANEXAS, QUE TIENE Q. REALIZAR ESFUERZOS TREMENDOS PARA "DIGERIRLOS", ES DECIR, PARA TOMAR DE ELLOS LO NECESARIO. DEBE PUES HABER (COMO DIJO HIPÓCRATES) UN EQUILIBRIO:

"..HAY QUE DESCUBRIR SI LOS ALIMENTOS SON MÁS FUERTES QUE LOS EJERCICIOS (DEL ESTÓMAGO) O AL REVÉS.."

¡ÉSTE SÍ SABE!

SI UN INDIVIDUO COME MÁS DE LO QUE TRANSFORMA SE RECARGARÁ DE GRASAS Y POPÓ (ESTREÑIMIENTO) Y ENFERMARÁ RÁPIDAMENTE.

Y AL REVÉS: SI TRANSFORMA MÁS DE LO QUE COME SE DESNUTRIRÁ RÁPIDAMENTE..

(EL CHISTE ESTÁ EN COMER CON EQUILIBRIO, PUATEZONES..)

EXPLIQUÉMONOS: DESPUÉS DE QUE EL ORGANISMO HA TOMADO DEL ALIMENTO LO QUE NECESITA (QUE ES BIEN POCO) EL RESTO SE ACUMULA EN EL INTESTINO Y EMPIEZA LUEGO LUEGO A DESCOMPONERSE, A FERMENTAR Y A INTOXICARNOS, SI NO ES EVACUADO RÁPIDAMENTE..

EL CUERPO HUMANO ES LA MEJOR FÁBRICA DE M....

¡CÁLLESE, Y NO META EL DESORDEN! QUIERO SABER CÓMO ESTÁ ESO DE LA INTOXICADA...

EL EXCESO DE COMIDA (Y DE MALA COMIDA) IMPIDE QUE EL CUERPO APROVECHE MÁS EL ALIMENTO, PUES NO ALCANZA A DIGERIRLO, AUMENTANDO LA FERMENTACIÓN,. DIFICULTANDO LA DIGESTIÓN Y DEBILITANDO A TODO EL ORGANISMO, QUE TRABAJA EN EXCESO..

AHORA BIEN: TODO ALIMENTO CONTIENE TOXINAS EN MAYOR O MENOR CANTIDAD, PERO EL CUERPO SEGREGA DURANTE LA DIGESTIÓN ÁCIDOS O SUSTANCIAS QUE NEUTRALIZAN Y TRASFORMAN ESAS TOXINAS, EXCEPTO SI LAS TOXINAS SON MÁS QUE LOS ÁCIDOS O SI LAS GLÁNDULAS QUE LOS PROVEEN YA NO AGUANTAN.

¡CHIN! SIGUEN ENTRANDO CHILES Y YA NO HAY ÁCIDOS!

¿RESULTADO?

EL CUERPO SE INTOXICA, ES DECIR SE LLENA DE COLESTEROL, DE ÁCIDO ÚRICO, DE GRASAS Y OTRAS PORQUERÍAS, QUE ATACAN Y DESCOMPONEN TODOS LOS APARATOS DE NUESTRO CANIJO ORGANISMO Y LO ENFERMAN

POR FAVOR: ¿ME PODRÍAN DECIR ENTONCES QUÉ ALIMENTOS TIENEN MÁS TOXINAS?

¿QUÉ TIENEN CONTRA LA CARNE?

¡ABSOLUTAMENTE NADA! (GULP) SÓLO QUE ESTÁ CIENTÍFICAMENTE PROBADO QUE LA CARNE DE RES, O PUERCO O TERNERA O LO QUE SEA; ES UN ALIMENTO: DIFÍCIL DE DIGERIR, QUE SE COME ESTANDO YA EN DESCOMPOSICIÓN Y LLENO DE BACTERIAS; QUE SUS PROTEÍNAS NO SON ASIMILABLES.. QUE PRODUCE ÁCIDO ÚRICO EN CANTIDADES INDUSTRIALES, ÁCIDO LÁCTICO Y OTRAS PORQUERÍAS.. QUE PRODUCE EL COLESTEROL, QUE NO TIENE VITAMINAS, NI CARBOHIDRATOS, Y CASI NI MINERALES, Y SÍ MUCHA GRASA· MALÍSIMA PARA EL ORGANISMO... Y EN TOTAL DE TOTALES: **QUE LA CARNE ES UN VENENO**.. (LENTO, PERO SEGURO..)

..AHORA VEA USTED UNA PEQUEÑA LISTA DE LOS PLATILLOS MEXICANOS A BASE DE CARNE..

- PICADILLO
- ALBÓNDIGAS
- CROQUETAS
- MONDONGO
- TORTAS DE CARNE
- TACOS DE CARNITAS
- BARBACOA
- PANCITA
- BIRRIA
- TACOS AL PASTOR
- BISTECES
- MIXIOTES
- TACOS AL CARBÓN
- CHILES RELLENOS
- TOSTADAS DE PATA
- CALDO DE RES
- SOPA DE MÉDULA

etc, etc, etc, etc, etc.

O COMO QUIEN DICE, LOS MEXICANOS QUE COMEN CARNE, VIVEN CON EL INTESTINO EN ETERNA PUTREFACCIÓN..

(¡Y ADEMÁS, DESNUTRIDOS!) →

¿DEVERAS HAY DESNUTRICIÓN EN MÉXICO, O SON GANAS DE ATACAR AL GOBIERNO?

EN MEDIO DE LA EUFORIA PRE-ELECTORAL, EL DOCTOR SALVADOR ZUBIRÁN, PREMIO NACIONAL DE CIENCIAS 1968 Y DIRECTOR DEL INSTITUTO NACIONAL DE LA NUTRICIÓN, PUSO UNA BOMBA...

R.I.P

TENEMOS HAMBRE

SEGÚN EL CITADO MÉDICO (AL QUE YA ESTÁN ACUSANDO DE... COMUNISTA), EL 50% DE LOS MEXICANOS PADECE HAMBRE..

GRUPO FAMILIAR (EL MEJOR ALIMENTADO ES EL PERRO)

ESTAMOS PEOR QUE ALGUNOS DE LOS PEORES PAÍSES AFRICANOS..! ¿Y DESPUÉS DE SESENTA AÑOS DE REVOLUCIÓN MEXICANA? ¡NO ES POSIBLE!

¡PROPONGO AL DOCTOR ZUBIRÁN PA' PRESO POLÍTICO POR AGITADOR!

SIN EMBARGO, EL "DESCUBRIMIENTO" DEL DR. ZUBIRÁN ES COSA VIEJA EN EL MUNDO ENTERO: LAS ESTADÍSTICAS DE LA **FAO** SEÑALAN A MÉXICO COMO UN PAÍS DE LOS PEOR ALIMENTADOS...

"Efectivamente, la dieta diaria [...] solamente [...] eficiente en valor calórico, sino [...]tante, es [...]ja calidad biológica.

El componente fundamental es [...]consumen [...] 400 gramos por persona y por d[...]en 50 gra[...] frijol y cantidades mínimas de [...] algunas [...]ras y frutas.

Esta alimentación, además de su redu[...] valor calórico, es d[...]ente en casi todos sus aspectos, pero [...]encialmente, es pobre [...]roteínas, y, sobre todo, en aquellas [...]a calidad, biológica, co[...]n las que provienen de los aliment[...]igen animal.

Las proteínas del maíz son, por[...]de aminoácidos que [...]enen, de muy mala calidad.

La población rural ha venido [...] por[...] siglos esta alime[...]ón, lo que ha dado lugar a qu[...] un proceso de ada[...]ón biológica a esa reducida [...] alimentos, con la [...] satisfacen solamente las neces[...]mas, las más imperic[...]se proceso determina, al mismo [...] otro semejante de a[...]ción social, que impone una limi[...] n el esfuerzo espiritu[...]

¡BAH·ESA ES UNA CONSPIRACIÓN EXTRANJERA, SIN LUGAR A DUDAS!

SI AMÉRICA LATINA ES UNO DE LOS CONTINENTES MÁS MAL ALIMENTADOS, MÉXICO ESTÁ ENTRE LOS PEOR ALIMENTADOS DE A. LATINA.. LOS DATOS DE LA FAO (ORGANIZACIÓN DE LA ONU PARA LA ALIMENTACIÓN) DICEN:

PAÍSES
MEJOR
ALIMENTADOS
(CONSUMO
DE CALORÍAS
POR
PERSONA)
(TOMANDO EN
CUENTA SOBRE
TODO EL CONSUMO
DE CARNE ..)

NVA. ZELANDA	3250 cal.
ARGENTINA	3190
AUSTRALIA	3160
DINAMARCA	3160
SUIZA	3150
NORUEGA	3140
U.S.A.	3130
SUECIA	3120
INGLATERRA	3100
U.R.S.S.	3100
CANADÁ	3060
HOLANDA	2900
ALEMANIAS	2900
CUBA	2740
FRANCIA	2700

QUE SON PAÍSES QUE INCLUSIVE ESTÁN DEMASIADO ALIMENTADOS Y TIENEN PROBLEMAS DE GORDURA.. POR EL EXCESO DE CARNE COMIDA.

¿VOY AL SASTRE O ME COMPRO UNA TIENDA DE CAMPAÑA?

¿LOS PEOR ALIMENTADOS?

VENEZUELA	2160 calorías
JAPÓN	2100
MÉXICO	2050
CEILÁN	1970
PERÚ	1920
FILIPINAS	1910
INDIA	1700 (campeón)

→ (POR CONSUMO DE CARNE .. CONSTE ..) ←

ES QUE EN LA INDIA SER BUEY ES UNA GRAN VENTAJA.. *

* EN LA INDIA NO SE COME CARNE : LOS BUEYES SON DIOSES..

¿PERO QUÉ DIABLOS ES ESO DE LAS CALORÍAS?

EN NINGÚN DISCURSO DEL RIP LAS MENCIONAN!

BUENO.. COMENCEMOS CON EL COMIENZO... EL CUERPO HUMANO SE DESGASTA DÍA CON DÍA : CUALQUIER ACTIVIDAD QUE HAGA (CAMINAR, CORRER, ESTUDIAR, TRABAJAR, GRITAR) LO GASTA : ES ENERGÍA QUE SE PIERDE Y QUE EL CUERPO NO GENERA POR SÍ SOLO...

HASTA UN DIPUTADO SE DESGASTA, AUNQUE NO LO CREAN..

ESA ENERGÍA. ES EL "CALOR" QUE HACE FUNCIONAR AL CUERPO.. CALORÍA ES PUES LA UNIDAD DE CALOR QUE REQUIERE EL CUERPO Y QUE HAY QUE DARLE TODOS LOS DÍAS..

ECHARLE LEÑA AL HORNO, COMO QUIEN DICE..

LOS EXPERTOS HAN FIJADO UN MÍNIMO DE LEÑA (CALORÍAS) DIARIO PARA QUE EL CUERPO FUNCIONE: 2700 CALORÍAS..

¡SI NO ME DAN MIS CALORÍAS, CANTO..!

ESAS CALORÍAS VIENEN EN FORMA DE COMIDA, DIVIDIDAS EN TRES CATEGORÍAS: PROTEÍNAS. GRASAS Y CARBOHIDRATOS...

..O COMO DICEN LOS DOCTORES: PRÓTIDOS, LÍPIDOS Y GLÚCIDOS..

¡PAPAZOTE!

LAS PROTEÍNAS SON ÁCIDOS CONTENIDOS EN LOS VEGETALES O ANIMALES..

TAMBIÉN SE LES NOMBRA "ALBÚMINAS" O SUSTANCIAS NITROGENADAS..

TÚ SÍ SABES, MATÍAS.

LAS GRASAS TAMBIÉN SON SUSTANCIAS ANIMALES O VEGETALES (MANTEQUILLA, MANTECA, ACEITES, etc) ¿Y LOS CARBOHIDRATOS?

CARBOHIDRATOS SON LOS AZÚCARES O ALMIDONES.. ¿CORRECTO?

HASTA AQUÍ VAMOS BIEN. PERO... EL CUERPO NO SOLO NECESITA CALORÍAS, SINO TAMBIÉN OTRA CLASE DE SUSTANCIAS INDISPENSABLES A LA VIDA, QUE TIENE QUE RENOVAR...

O SEASE, LAS SALES MINERALES, LAS VITAMINAS Y LA CELULOSA...

CUANDO FALTAN ESAS COSAS (HIERRO, YODO, FÓSFORO, CLORO, CALCIO, etc.), NOMÁS NO FUNCIONAN LAS COSAS QUE VIENEN DENTRO DE UNO: HÍGADO, GLÁNDULAS, RIÑONES...

SE DESBIELA TODO..

ASÍ QUE EL ALIMENTO QUE LE DAMOS AL CUERPO, DEBE TENER TODO ESO: CALORÍAS, MINERALES Y VITAMINAS.

SI NO, NO RESPONDO CHIPOTE CON SANGRE..

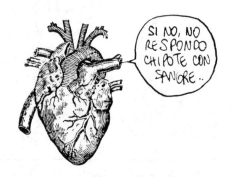

¿Y LA CELULOSA, MI ESTIMADO?

ES LA MENOS NECESARIA: VIENE EN LOS VEGETALES Y CONTRIBUYE A QUE EL INTESTINO JALE BIEN..

DE ACUERDO CON LOS DATOS DE LA FAO (Y DEL DR. ZUBIRÁN), RESULTA PUES QUE LOS MEXICANOS ANDAMOS FALLOS DE CALORÍAS (440 DIARIAS), VITAMINAS Y MINERALES...

BUENO. NOMÁS LOS QUE NO SEMOS DEL RIP..

LO CUAL QUIERE DECIR QUE LO QUE COMEMOS NOS LLENA, PERO NO NOS NUTRE.. O SEA, QUE LA DIETA DEL MEXICANO ES MALA Y POBRE EN CALORÍAS.. ¿A POCO?

¿A POCO LOS CHICHARRONES CON SU GUACAMOLE Y SU CHILITO NO ALIMENTAN?

MEXICO 70

¿CÓMO QUE EL MAÍZ, EL CHILITO, EL ARROZ Y LOS FRIJOLITOS NO NUTREN AL ORGANISMO NACIONAL?

LOS INDIGENAS MEXICANOS NO USABAN GRASAS ANIMALES (NO HABIA PUERCOS NI RESES NI CUACOS), NI CONOCIAN EL TRIGO, NI EL VINO, NI EL TABACO... Y SEGÚN TODOS LOS TESTIMONIOS, GOZABAN DE PERFECTA SALUD... (GOZABAN..)

¿ALGUIEN HABIA VISTO INDIOS CALVOS O SIN DIENTES?

OTRA COSA PUES QUE TENEMOS QUE "AGRADECER" A LOS ESPAÑOLES, ES EL HABERNOS IMPUESTO SU ABSURDA Y ANTINATURAL COMIDA..

QUE FUE ASÍ COMO DEGENERÓ LA RAZA DE BRONCE...

Y SI LO DUDA USTED, PASEMOS A ANALIZAR LA DIETA DE LOS MEXICANOS:

SOPAS!

EL PAÍS CON MÁS ARTEROSCLEROSIS ES ITALIA... ¿POR QUÉ CREEN?

¡LAS PASTAS, SIGNORE!

LA MAYORÍA DE LAS SOPAS ACOSTUMBRADAS EN MÉXICO SON LAS SOPAS DE <u>PASTA</u>, O SEA, LO MÁS RECOMENDABLE PARA LA ENGORDA DEL INDIVIDUO...

¡AH, SÍ... ENGORDA, PERO NUTRE!

¡LA MANO, QUE NUTRE!

VERDAD·

DE TODOS LOS CEREALES, EL TRIGO ES EL MÁS ADECUADO Y COMPLETO ALIMENTO Y EL MÁS NUTRITIVO... (Y LAS PASTAS SE HACEN CON HARINA DE TRIGO...)

¡ENTONCES TIENEN QUE SER NUTRITIVAS!

¡PUES NO! PORQUE DA LA CASUALIDAD QUE TODAS LAS PASTAS QUE SE HACEN EN MÉXICO SON A BASE DE <u>HARINA BLANCA</u> DE TRIGO, O SEA DEL TRIGO DESPROVISTO DEL GERMEN Y LA CASCARILLA (SALVADO)..

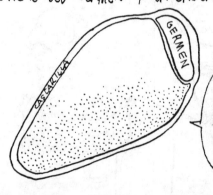

GERMEN

CASCARILLA

¡Y EN DONDE ESTÁN LAS VITAMINAS DEL TRIGO ES EN EL GERMEN Y LA CASCARILLA...!

¡EL ABSURDO MÁS ABSURDO, IMBÉCIL, TONTO Y CRIMINAL!

TODAS LAS SOPAS DE PASTA, HARINAS, BOLILLOS, TELERAS Y PAN DULCE, GALLETAS Y PASTELES QUE COMEMOS EN MÉXICO, SE HACEN CON HARINA DE TRIGO SIN GERMEN NI SALVADO... ¡SIN LO BUENO DEL TRIGO!

(PORQUE LOS FABRICANTES DE HARINAS SÓLO VEN LA GANANCIA..)

DE ESA MANERA, AL COMER SOPAS DE PASTA (QUE TIENEN ADEMÁS CALDO DE CARNE) NO SÓLO NO NOS ALIMENTAMOS, SINO QUE ADEMÁS NOS ESTAMOS SÓLO INTOXICANDO Y CONTRIBUYENDO A LA CREACIÓN DE LLANTAS Y COLESTEROL..

(YO ERA UNA ESBELTA DONCELLA)

LA OTRA SOPA "OBLIGADA" EN MÉXICO, ES EL ARROZ...QUE TIENE EL MISMO PROBLEMA DEL TRIGO: LO COMEMOS INCOMPLETO...

¡EL ARROZ PULIDO Y DESCASCARADO NO ALIMENTA, SÓLO LLENA!

¿Y CON QUÉ ENTONCES ACOMPAÑAMOS LA SOPITA?

¿NO HAY PAN O TORTILLAS?

EL PAN BLANCO QUE COMEMOS EN MÉXICO ES UNA VERDADERA PORQUERÍA: NO ALIMENTA, SÓLO ENGORDA... (BOLILLOS, BIROTES, TELERAS O LOS CARÍSIMOS E INÚTILES PANES BIMBO)

¿Y LAS TORTILLAS?

LA DIETA CLÁSICA Y USUAL DEL MEXICANO (DEL CAMPESINO, QUE ES EL PEOR ALIMENTADO) ES: TORTILLAS, CHILE Y FRIJOLES... (MAÍZ, EL REY)

CON SU INFINITA VARIEDAD DE PLATILLOS:

Stralmann & Meyer Bielefeld "Albert" Cakes, bestes deutsches Fabrikat

ENCHILADAS
CHILAQUILES
TACOS
TOTOPOS
TAMALES
MEMELAS
PANUCHOS
QUESADILLAS
GORDITAS
PENEQUES
CHALUPAS
TLACOYOS
POZOLE

¡IDENTIFÍQUESE COMO MEXICANO! ¿TACOS, JOVEN?

A ESTO PODEMOS AÑADIR CANTIDADES MÍNIMAS DE AZÚCAR, PAN, CARNE, UNAS VERDURAS Y ALGUNAS FRUTAS...

¿PESCADO? SE QUEDÓ DORMIDO EN EL MAR, JOVEN..

ES DECIR, TREINTA MILLONES DE MEXICANOS TIENEN UNA DIETA DIARIA POBRÍSIMA EN PROTEÍNAS, GRASAS, MINERALES Y VITAMINAS..

¡POS AUMÉNTAME EL GASTO, CHIQUITO!

LOS OTROS 20 MILLONES TIENEN UN "HAMBRE MUY BIEN DISFRAZADA" Y AL MENOS YA COMEN MÁS CARNE, LECHE Y HUEVOS, QUE YA ES ALGO..

(PERO TAMPOCO SABEN COMER.)

PERO VAMOS A PASAR A LAS PRUEBAS, ANALIZANDO UNO POR UNO TODOS LOS "ALIMENTOS" DEL MEXICANO...

¿QUÉ COME LA RAZA DE BRONCE, ADEMÁS DE PRÓJIMO?

EMPECEMOS CON EL TRADICIONAL **MAIZ** ESENCIA Y POTENCIA DE LA NACIONALIDAD... ¿QUÉ ES LO QUE DICEN LOS DEFENSORES?

¡EL MAÍZ TIENE CANTIDAD DE CALCIO!

¡PUES NO! ..TIENE, PERO POQUÍSIMO..

DE LOS CEREALES, EL MAÍZ ES EL MÁS POBRE EN PROTEÍNAS. NO CONTIENE CASI VITAMINAS Y DE MINERALES ANDA EN LA CALLE (DE GRASA Y CARBOHIDRATO NO ANDA MAL: A ENGORDAR!)

¡PERO LAS TORTILLAS SE HACEN CON **CAL**!

(SE HACÍAN: AHORA LO MÁS COMÚN ES QUE LES PONGAN CALIDRA, OLOTE, Y SUSTANCIAS RARAS NO IDENTIFICADAS A LA FECHA...)

¿ Y LOS FRIJOLITOSN.. ??

¿CÓMO QUE NO HAY..? ¿TONCES CON QUÉ ME LLENO?

LOS FRIJOLES SON MEJOR QUE EL MAÍZ: ANDAN BIEN EN PROTEÍNAS, GRASAS Y CARBOHIDRATOS; TIENEN FÓSFORO, POTASIO, CINC, REGULAR AZUFRE, PERO CASI NADA DE VITAMINAS... CAH.. Y SON DE DIFÍCIL DIGESTIÓN..)

YA LES ENVIAMOS BAYO GORDO A CABO KENNEDY PARA SUS CUETES..

EL CHILE SOLO TIENE VITAMINAS A Y C, PERO IRRITA TODO EL SISTEMA DIGESTIVO, DIFICULTANDO TODA DIGESTIÓN Y CREANDO MÁS PROBLEMAS DE LOS QUE RESUELVE...

PERO... LA **COMBINACIÓN** DE MAÍZ, CHILE Y FRIJOL LOGRA TENER PROTEÍNAS COMPLETAS Y DE PRIMERA: ESA ES LA CLAVE DE LA ALIMENTACIÓN CAMPESINA...

¡PERO HAY QUE SER MUY MACHO!

EN CUESTIÓN DE QUESOS, EL MEXICANO SÍ LOS COME Y GUSTA. ES PREFERIBLE SIEMPRE EL REQUESÓN Y LOS QUESITOS FRESCOS. LOS QUESOS "COCIDOS" (Y NO SE DIGA LOS "GRUYERES" Y QUESOS SUIZOS) SON PESADÍSIMOS AL ESTÓMAGO..

(Y AL BOLSILLO..)

(DE ÉSOS, POCO PERO BUENO..)

EL MEXICANO LE ENTRA CON FE AL ARROZ, PERO SIN CÁSCARA. Y RESULTA QUE TODOS LOS MINERALES Y VITAMINAS DEL ARROZ ESTÁN EN LA CÁSCARA..

POR ALGO TODOS LOS QUE COMEMOS ARROZ SOMOS DE TAMAÑO ENANO..

¿Y EL PAN? BUENO, OTRA BRONCA... EL PAN QUE COMEMOS EN MÉXICO (BLANCO Y DE DULCE) NOMÁS ENGORDA, PERO NO NUTRE..

¿QUE ENGORDA EL PAN? VOOOY

LOS BUENOS PANES SON PRECISAMENTE LOS QUE NO SE COMEN EN MÉXICO: PAN INTEGRAL, PAN DE CENTENO... O SEA, LOS PANES "NEGROS"...

¿POR QUÉ NO SIRVE EL PAN BLANCO? PORQUE EL TRIGO CON QUE SE HACE LA HARINA VIENE SIN EL **GERMEN** (LA YEMA) QUE ES LO MERO BUENO!! SIN EL **SALVADO**, ADEMÁS)

Y VAYA USTÉ A SABER LA DE PORQUERÍAS QUE LE PONEN ORA AL PAN...

CON OTRA: EL CAMPESINO CASI NUNCA COME CARNE Y LE ENTRA DURO AL TRAGO.. ¿ES ESO ALIMENTACIÓN?

¡TRAIGO MÁS CALORÍAS QUE UN FOCO, HIC!

(BUENO QUE NO COMA CARNE, PERO PEOR QUE NO CONSUMA OTRAS PROTEÍNAS EN VEZ DE LA CARNE..!)

EL MEXICANO ES TAQUERO POR EXCELENCIA, SOBRE TODO DE "CARNITAS". PERO LA CARNE DE PUERCO ES DE LAS MÁS POBRES EN PROTEÍNAS, AUNQUE RICA EN CALCIO Y VITAMINA B^2...

..Y DE LAS MÁS DURAS DE DIGERIR..

UH, PUES..! ¡YA NOS BAJÓ LA GUARDIA, PROFESOR!

MEJOR DÍGANOS QUÉ COSAS SON LAS QUE HABÍAMOS DE COMER..

LOS ALIMENTOS POR EXCELENCIA, LOS MÁS COMPLETOS QUE HAY, SON: LOS **HUEVOS** LA **LECHE** (Y LA **CARNE**) CON SUS PROBLEMOTAS

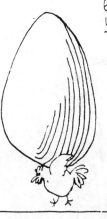

EL HUEVO LO TIENE TODO, EXCEPTO VITAMINA C...

(Y MUCHO COLESTEROL: NO ABUSE DE ELLOS)

(COCIDO ES LO MÁS DIGESTIVO)

A LA LECHE NOMÁS LE FALTA HIERRO. COMO ES DIFÍCIL EN MÉXICO TOMARLA PURA, LO MEJOR ES USARLA EN FORMA CONDENSADA, AUNQUE A LOS LATINOAMERICANOS NO NOS CAE LA LECHE!

..LA LECHE EN MÉXICO TIENE TODO.. ¡A VECES HASTA LECHE!

LA LECHE EN POLVO PIERDE SUS VITAMINAS EN EL PROCESO, PERO SIGUE SIENDO RIQUÍSIMA EN PROTEÍNAS Y NO SE DESCOMPONE...

LA LECHE ES RE-BUENA, ¡PERO PARA LOS BECERROS: AL ADULTO NO LE SIRVE DE NADA...

¿qué se hizo el PAN NUESTRO DE CADA día..?

EL PAN BLANCO EMPEZÓ A VENDERSE EN FRANCIA EN 1820 Y DURANTE MUCHOS AÑOS FUE CONSIDERADO COMO UN ARTÍCULO DE LUJO (POR SER BLANCO). EN LOS AÑOS SIGUIENTES SU CONSUMO ADQUIRIÓ VISOS DE DISCRIMINACIÓN SOCIAL: CUANTO MÁS OSCURO ERA EL PAN, MÁS "BAJA" ERA LA CONDICIÓN SOCIAL DEL CONSUMIDOR... ¡LO QUE ES LA IGNORANCIA!

..PERO HASTA LA FECHA NADIE LE HA PODIDO QUITAR A LA GENTE DE LA CABEZA LA IDEA DE QUE EL PAN BLANCO ES MEJOR..POR SER BLANCO !

¡POS ES QUE ESTÁ HECHO DE HARINA BLANCA RE-FI-NA-DA !

¿SE DA CUENTA DEL IMBÉCIL RAZONAMIENTO?

EL PAN BLANCO, ELABORADO CON HARINA REFINADA - ES DECIR DESMINERALIZADA - ES UN ALIMENTO QUE CASI NO NUTRE, PUES EL TRIGO, AL SER MOLIDO, ES DESPOJADO DE SU CÁSCARA, QUE ES DONDE ESTÁ LO BUENO ! (33 ELEMENTOS NUTRITIVOS LE FALTAN AL PAN BLANCO: ¿TODAVÍA QUIERE COMERLO?)

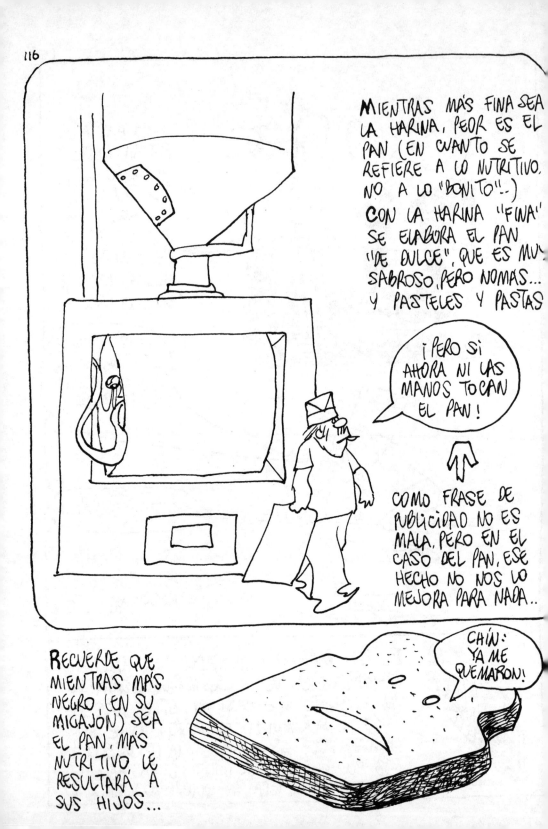

MIENTRAS MÁS FINA SEA LA HARINA, PEOR ES EL PAN (EN CUANTO SE REFIERE A LO NUTRITIVO, NO A LO "BONITO"...)

CON LA HARINA "FINA" SE ELABORA EL PAN "DE DULCE", QUE ES MUY SABROSO, PERO NOMÁS... Y PASTELES Y PASTAS

¡PERO SI AHORA NI LAS MANOS TOCAN EL PAN!

COMO FRASE DE PUBLICIDAD NO ES MALA, PERO EN EL CASO DEL PAN, ESE HECHO NO NOS LO MEJORA PARA NADA...

RECUERDE QUE MIENTRAS MÁS NEGRO (EN SU MIGAJÓN) SEA EL PAN, MÁS NUTRITIVO, LE RESULTARÁ A SUS HIJOS...

CHIN: YA ME QUEMARON!

*EL MITO DE LOS "CONSOMÉS DE POLLO.
(Tomado de "GUIA DEL CONSUMIDOR"-México)

EL PUNTO DE VISTA DE LOS TECNOLOGOS DE LA ALIMENTACION Y LOS MEDICOS NUTRICIONISTAS

En estos tiempos en que ya se elaboran proteínas aprovechables por los seres humanos a base de —por ejemplo— derivados del petróleo, pocas. cosas nos podrían asombrar respecto al desarrollo que la técnica puede tener en lo que se refiere a la preparación de alimentos. Las grandes concentraciones urbanas requieren para la satisfacción de sus necesidades, una industrialización de los alimentos que los haga más accesibles, de más fácil preparación, de mayor grado nutricional y más económicos. No obstante esta necesidad, los preparados de alimentos a escala industrial desgraciadamente no siempre responden adecuadamente al interés del consumidor, sobre todo desde el punto de vista económico y proteínico, ya que comparativamente y con respecto a los alimentos frescos, los industrializados tienen que aumentar su costo, con los gastos de publicidad, empaque, instalaciones industriales, dividendos al capital, etc. gastos estos que al final es el consumidor quien tiene que pagarlos.

En el caso concreto de los "caldos de pollo", esto se pone de manifiesto al hacer el cálculo sobre el gramo de proteína que el consumidor paga cuando consume "caldos de pollo", este costo es de un promedio de 31 centavos por gramo, mismo gramo de proteínas que consumiéndolo de pollo natural tiene un costo aproximado de 13 centavos. A mayor abundamiento en esta idea, el gramo de proteína de maíz tiene un costo de 1 centavo, de frijol de 1.6 centavos, etc. Así pues, el gramo de proteínas de "caldo de pollo concentrado" es caro.

Las conclusiones a las que llegan los médicos nutricionistas respecto a las cualidades nutricionales de estos concentrados, son en resumen las siguientes:

a) Su valor nutritivo en sí es casi nulo, aunque es importante destacar que lo mismo sucede con el caldo de pollo natural. Algunos especialistas llegan inclusive a afirmar que puede ser ligeramente más nutritivo el caldo de los concentrados de marca, aunque repetimos la diferencia es mínima. Por ello mismo los especialistas recomiendan a las amas de casa dar a su familia no sólo el caldo, sino la carne, que es la que guarda las cualidades verdaderamente nutritivas.

b) El valor alimenticio de los "caldos" sólo puede considerarse positivamente, como un medio para abrir el apetito.

c) El uso de los concentrados de marca debe sólo estimularse como sazonador de todos los platillos que la imaginación culinaria de las amas de casa pueda llegar a desarrollar, tomando siempre en cuenta que es más barata la sal, que sólo vale 2 centavos, contra 39 centavos de los "sabroseadores" de pollo.

¿TEQUILA PARA LA GRIPE?

MUCHA GENTE CULTA E INCULTA, CREE CON TODA SU ALMA QUE TOMANDO TEQUILA U OTRAS BEBIDAS DE ALTA GRADUACIÓN, SE CURARÁ LA GRIPE. ¡ERRORZOTE! LA INGESTIÓN DE BEBIDAS ALCOHÓLICAS DISMINUYE LAS DEFENSAS ORGÁNICAS Y HACE AL SUJETO MUCHO MÁS VULNERABLE A LA ENFERMEDAD.

NADA MEJOR PARA EVITAR LA GRIPE QUE TENER LA SANGRE PURA Y LAS DEFENSAS ORGÁNICAS VIGORIZADAS Y EN CASO DE PESCARLA, EL MEJOR TRATAMIENTO ES DESCONGESTIONAR EL ORGANISMO NO COMIENDO NADA SINO FRUTA FRESCA Y JUGOS DE NARANJA...

DROGAS, VACUNAS O INYECCIONES NO PARAN LA GRIPE Y SÓLO CONGESTIONAN AL ORGANISMO, AFECTANDO RIÑONES, INTESTINOS, PLEURA Y PULMONES...

CELULOSA;
PARA QUE NO
SE QUEJE EL
INTESTINO,
COMA HIGOS,
CIRUELAS Y
MANZANAS..
(CON CÁSCARA)

CALCIO Y FÓSFORO.
PARA LOS HUESOS, DIENTES,
NERVIOS Y CORAZÓN..

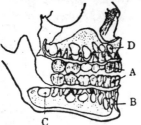

D
A
B
C

LECHE, MARISCOS, COL,
FRUTAS SECAS, AVENA

EL
HIERRO
(PARA LA
SANGRE) VIENE
EN EL
HUEVO, LAS
ESPINACAS, EL
HÍGADO, LAS
ANGUILAS, QUESO
PARMESANO,
AJOS, LA
CIRUELA-PASA..

ESTÁ BIEN
QUE TE FALTE
HIERRO, PERO NO
TE COMAS LOS
CUCHILLOS!

EL YODO (PARA LOS NIÑOS Y LAS
QUE LO ESPERAN), SE ENCUENTRA
EN LOS MARISCOS, LA LECHE (BUENA)
LA SOYA, AJOS Y MANZANAS...

TU YODO,
ADANCITO..

VITAMINA
a
(OJOS, PIEL,
MUCOSAS):

LECHE, HUEVOS,
TRIGO,
ESPINACAS,
ZANAHORIAS,
MANZANAS..

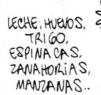

TODO ES
FÁCIL DE
CONSEGUIR
NO SE HAGA
PATO..

VITAMINAS
B
(CONTRA LAS
ANEMIAS)
Y VIENEN SIENDO
LA RIBOFLAVINA,
LA NIACINA Y
LA TIAMINA..

ESTÁN EN LA
LEVADURA DE
CERVEZA, HUEVOS,
PAN INTEGRAL, NUEZ,
QUESOS COCIDOS,
JAMÓN CRUDO,
SOYA, FRIJOLES,
CHICHAROS, etc.

VITAMINA
C
(ÁCIDO
ASCÓRBICO)
EN EL
LIMÓN,
NARANJAS,
BERRO,
JITOMATE,
LECHUGA
Y
PAPAS

COF
COF

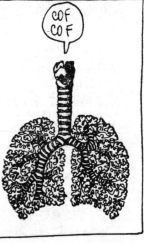

VITAMINA

D

(HUESOS Y DIENTES)

EN LOS HÍGADOS, ARENQUES, HUEVOS, AVENA, CHOCOLATE Y BACALAO... (Y SALMÓN)

VITAMINA

PP

(ESTA VITAMINA FALTA EN LA GENTE QUE SE ALIMENTA CON MAÍZ Y SU AUSENCIA PROVOCA LA PELAGRA)

EXISTE EN EL HÍGADO, EL SALMÓN, LA LECHE EVAPORADA, LAS PAPAS, LOS CHÍCHAROS Y MANZANAS...

RESUMIENDO: LA RAZA DE BRONCE ESTÁ DESNUTRIDA POR LLEVAR UNA DIETA MUY MEXICANA, PERO POBRÍSIMA. SE NECESITA LA INTERVENCIÓN DEL GOBIERNO PARA MEJORAR LA ALIMENTACIÓN..

PRIMERA: EDUCANDO A LA RAZA PARA QUE APRENDA A COMER..

CHEPINA Y SU MENÚ DE ENGORDA

SEGUNDA: EDUCANDO A LOS HAMBREADORES PARA QUE PODAMOS COMER BARATO..

CÓÑO!

TERCERA: EXIGIENDO A LOS FABRICANTES DE LECHE Y TODO TIPO DE ALIMENTOS QUE NO DEN GATO X LIEBRE..

AHORA BIEN: COMO PUEDEN PASAR AÑOS PARA Q. EL GOBIERNO ACTÚE, USTED, SEÑOR O SEÑORA, DELE A SUS HIJOS COMIDA QUE NUTRA..

NO HAY QUE ESTAR DESNUTRIDO PARA SER MEXICANO..

NO SE TRATA DE PONER EN ENGORDA A LA TRIBU -LA GORDURA ES TAMBIÉN MALA-, SINO DE COMER ALIMENTOS BUENOS.. Y SABROSOS..!

¡Y QUE SE HAGAN TORTILLAS COMO LAS DE ANTES.. CON NIXTAMAL !

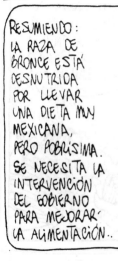

PUES FÍJESE LO QUE SON LAS COSAS: UNA MODESTA TORTILLA ES MEJOR ALIMENTO QUE UNA REBANADA DE PAN BLANCO O UN BOLILLO... Y ENGORDA MENOS.

AUNQUE EL MAÍZ ES POBRE EN CASI TODO: VITAMINAS, MINERALES Y PROTEÍNAS...

(Hay que complementarlo con algo más proteínico.)

EN MÉXICO HEMOS "INVENTADO" UNA DE LAS PEORES FORMAS DE COMER: LAS **TORTAS**, (→ UN PAN BLANCO PARTIDO A LA MITAD Y RELLENO CON JAMÓN -VENENO- U OTRAS COSAS DE ENGORDA...)

¿ENTONS LAS TORTUGAS NO NUTREN?

PARA QUE UNA TORTA LO NUTRA, SIGA ESTA RECETA:

QUÍTELE EL PAN, QUÍTELE EL JAMÓN, QUESO DE PUERCO, PULPO, SARDINA O PASTEL DE POLLO... Y CÓMASE LO DEMÁS...

¡NO!

TORTAS QUE DEVERAS NUTREN, SÓLO LAS DE HUEVO, Y ESO CON PAN <u>NEGRO</u>, VERDURAS BIEN LAVADAS (EN AGUA DE SAL) Y QUESITO FRESCO...

...Y MI LIMONADOTA..

¡NO ACABE DE AMOLAR SU SALUD ACOMPAÑANDO LA COMIDA CON UN REFRESCO EMBOTELLADO, QUE ES LO <u>PEOR</u> QUE PUEDE USTED TOMAR, MI ESTIMADO!!

TODOS LOS MEXICAN REFRESCOS, SIN **EXCEPCIÓN**, USAN EN SU ELABORACIÓN ESENCIAS QUÍMICAS Y AZÚCAR REFINADA, AMBAS COSAS MALÍSIMAS PARA EL ORGANISMO... (SÓLO SE SALVAN LOS "BOING", HECHOS CON FRUTAS)

¡VAYA PUES! ¿ORA TAMBIÉN EL AZÚCAR ES MALO...??

NO LE HAGA CASO Y VÉNGASE A ECHAR UNA COCA..

¿QUÉ PASA CON EL AZÚCAR BLANCA?

AZÚCAR

PUES NADA, CABALLERO: EN EL PROCESO DE INDUSTRIALIZACIÓN RACISTA, CONFORME SE VA HACIENDO MÁS BLANCA EL AZÚCAR, SE VA DESMINERALIZANDO.. HASTA CONVERTIRSE -YA REFINADA- EN UNO DE LOS PEORES ALIMENTOS QUE SE PUEDA UD. IMAGINAR... (MÁS QUE ALIMENTO, ES UNA DROGA QUE ATACA DIRECTO AL HÍGADO.)

EL AZÚCAR REFINADO NO ES MÁS QUE UN **EXCITANTE** FORMADO POR SACAROSA (SIN VITAMINAS MINERALES Y FERMENTOS), QUE FATIGA VÍSCERAS, PROVOCA ACCESOS FEBRILES, ACABA CON LOS DIENTES, DESMINERALIZA AL CUERPO Y ETC, ETC.

(MIENTRAS MÁS BLANCA SEA, PEOR ...)

¡EL AZÚCAR ES PEOR QUE LA MARIGUANA!

¿QUIÉN DIJO ESO?

UNO DE LOS MÁS NOTABLES ODONTÓLOGOS MEXICANOS, EL DR. REYGADAS, LO DECLARÓ EN SEPT. DE 1972, AÑADIENDO: "NO OBSTANTE SER TAN DAÑINO, PARA EL COMÚN DE LAS GENTES TIENE LA IMAGEN DE UN ANGELITO CON ALAS DEL QUE NO HAY QUE DEFENDERSE..."

PORQUE LA "INOCENTE" Y BUSCADA AZÚCAR BLANCA (REFINADA), PRODUCTO QUÍMICO DE LABORATORIO, ES IRRITANTE, EXCITANTE. AUMENTA LA TENSIÓN ARTERIAL, AGOTA LAS ENERGÍAS VISCERALES -SOBRE TODO LAS DEL HÍGADO- DESMINERALIZA, CONGESTIONA Y ES CAUSA DE DIABETES, TUBERCULOSIS Y ETC.

CALCULE USTED LOS DAÑOS QUE LES CAUSA A SUS HIJOS "PREMIÁNDOLOS" CON DULCES QUE CONTIENEN AZÚCAR BLANCA...

PINGOS, PICADURAS Y PALETITAS, SIEMPRE VAN JUNTOS..

LOS PEORES ENEMIGOS DE UN NIÑO SON LOS QUE LO LLENAN DE DULCES, CARAMELOS Y BOLITAS: LO ESTÁN ENGORDANDO, ENVENENANDO Y DESTRUYENDO SUS DIENTES..

(EL AZÚCAR REFINADA ES EL LADRÓN MÁS DESCARADO DE VITAMINA B, DE PILÓN...)

128

PASE LISTA A LOS PRODUCTOS DE LA COCINA MEXICANA DONDE ENTRA EL AZÚCAR (DESDE EL PAN DE DULCE HASTA LOS CHONGOS ZAMORANOS) Y VERÁ LA DE PROBLEMAS QUE TIENE EL POBRE HÍGADO DE LOS MEXICANOS..

ÚJULE.. ¿Y CÓMO SE ENDULZAN ENTONCES LAS COSAS?

¡POS COMO SE ENDULZABAN ANTES: CON PILONCILLO O CON MIEL!

POR SU BIEN Y EL DE SUS HIJOS (A LO MACHO SE LO DECIMOS, SEÑORA) NO CONSUMA AZÚCAR BLANCA

(..CUALQUIER DUDA PREGUNTE A SU DENTISTA..)

Pasemos como de rayo al invento mexicano de comida rápida: LOS ANTOJITOS, que bien combinados y sin mucha grasa, pueden ser alimentos bastante nutritivos. (Sobre todo fáciles de conseguir...y baratos y nutritivos).

CHALUPAS, GARNACHAS, QUESADILLAS, PELLIZCADAS, MEMELAS..

SOPES, ITACATES, dobladitas, huaraches, vuuh!

IMPORTANTÍSIMO: la higiene de los antojitos tiene que ser de primera o pescamos una infección idem..

Y FUERA DE LOS GUISOS A BASE DE CARNE, ¿QUÉ OTRAS COSITAS COMEMOS EN MÉXICO? ¿VERDURAS? SÍ, PERO DEMASIADO COCIDAS O FRITAS, ES DECIR, YA SIN VITAMINAS O MINE..

¿TAMALES? CARNE CON HARINA DE MAÍZ: USTED DIRÁ.*

* POR FORTUNA, EN MÉXICO TAMBIÉN SE HACEN TAMALES SIN CARNE..

¿Y el pollo?

LOS NUTRIÓLOGOS DICEN QUE LA CARNE BLANCA ES UN POCO MENOS TÓXICA QUE LAS CARNES ROJAS (RES, PUERCO..), PERO SIN DEJAR DE TENER LOS INCONVENIENTES DE LA CARNE: COMER POLLO ES, PUES, INTOXICARSE "UN POQUITO MENOS"!!

ULTIMAMENTE SE HAN POPULARIZADO EN MÉXICO LOS "LICUADOS Y BATIDOS ALIMENTICIOS", EN DONDE LA CREENCIA ERRÓNEA DE LA ALIMENTACIÓN COMETE ALGUNOS DE SUS PEORES PECADOS... (CON AYUDA DE LA PUBLICIDAD Y LA TELEVISIÓN).

¿CUÁNTOS HUEVOS LE PONEMOS, JOVEN?

CUATRO, PORQUE VOY A COMER RETE TARDE..

LICUADOS
$2.00
$3.00

LA "CIENCIA" DE LOS LICUADOS, POLLAS Y BATIDOS CONSISTE EN REVOLVER EN UN VASO TODO LO QUE EL DUEÑO DEL CHANGARRO CREE QUE NUTRE...

¡SI UN PLÁTANO NUTRE, DOS DEBEN NUTRIR MÁS!

¡..Y SI LE AÑADIMOS DOS HUEVOS, MÁS NUTRICIÓN!

¿GRANOLA? POS SU GRANOLA

..Y SI LE AÑADIMOS LECHE.. ¡POS MÁS TODAVÍA!

¡Y UN POCO DE CHO CO-MILK!

¿Y QUÉ TAL SI LE AÑADIMOS UNAS NUECES, PAPAYITA Y ROMPOPE? ¡LO MÁXIMO COMO ALIMENTO!

¡ZAS! A LA BATIDORA TODO (DONDE TODO PIERDE SUS VITAMINAS) Y EN DOS MINUTOS TENEMOS UNA DE LAS PEORES COSAS QUE LE PODEMOS DAR AL ESTÓMAGO.. Y DE PILÓN LLENO DE ESPUMA, O SEA, AIRE..!!

AH: ME SIENTO LLENO..

REPETIMOS: EL CHISTE DE LA ALIMENTACIÓN NO ES COMER MUCHO, SINO COMER POCO Y BUENO.. (UN HUEVO AL DÍA ES MÁS QUE SUFICIENTE)

..UN BATIDO ASÍ TIENE EXCESO DE TODO...Y HACE TRABAJAR EN EXCESO AL ORGANISMO..

¡NOS FALTA EL PICANTE CHILE! UNA DE LAS "VIRTUDES" QUE MÁS PREGONAN LOS DEFENSORES DE LA COCINA MEXICANA ES SU SABOR

¿? YO SOY COMO EL CHILE VERDE. PICANTE PERO SABROSO♪

EL CHILE ES UN CONDIMENTO..

PERO EN MÉXICO SE CREE QUE ES UN ALIMENTO..

Y SE ABUSA DE SU USO, SIENDO QUE IRRITA LAS MUCOSAS, DAÑA AL HÍGADO Y NO APORTA CASI NADA A LA NUTRICIÓN, EXCEPTO UNA POCA VITAMINA A y C..

CON EL TIEMPO, EL CHILE HACE PERDER EL GUSTO EN EL PALADAR Y PROPICIA LAS HEMORROIDES... Y COMO DICEN LOS EUROPEOS: "¿QUÉ OBJETO TIENE COMER CON DOLOR??"

(SE SUPLICA ENVIAR SUS RESPUESTAS)

¿CONVENCIDO, O TIENE ALGUNA DUDA, DON COLIMOTE?

¡ES QUE NO DEJA NADA DE COMER, PROFE! TODO NOS ENGORDA..

..TODO NOS HACE MAL A LA LARGA.. ¿ENTONCES QUÉ PODEMOS COMER?

PUES.. COSAS QUE NO NOS HAGAN TANTO DAÑO Y QUE AL MISMO TIEMPO NOS ALIMENTEN, DON COLIMOTE...

..SI EN VEZ DE COMER CARNE, CORN FLAKES, PAN BLANCO, TWINKYS, SUBMARINOS, AGUAS PUERCAS EMBOTELLADAS, TAMALES DE DUDOSO CONTENIDO: DULCES, GALLETAS, HELADOS CREMOSOS, SOPITAS DE FIDEO, ARROZ O SPAGUETTIS, TORTAS Y TACOS DE MIL PORQUERÍAS, NOS ALIMENTÁRAMOS BIEN..

¿CON QUÉ?

¡POS CON ALIMENTOS NATURALES, JOVEN!

SE PUEDE PRESCINDIR SIN NINGÚN PROBLEMA DE LA CARNE, DE LAS PASTAS, DE LOS RE- FRESCOS, DEL BOLILLO, DE MIL PORQUERÍAS QUE VENIMOS COMIENDO MÁS POR COSTUMBRE QUE POR NECESIDAD... Y PODEMOS DEJAR ESO SIN DEBILITARNOS NI DESNUTRIRNOS...!!

MÉXICO Y CENTRO AMÉRICA

ANTAÑO UN PODEROSO Y FLORECIENTE IMPERIO MAYA, ALIMENTADO <u>SIN</u> CARNE, FUERON DESTRUIDOS POR OTRO IMPERIO, EL ESPAÑOL, DE BRUTOS Y MEDIOCRES COMEDORES DE CARNE...

DESTRUIDOS Y OLVIDADOS LOS ANTIGUOS HÁBITOS ALIMENTICIOS, ESPAÑA Y SU ABSURDA COMIDA HICIERON EN POCOS SIGLOS, DE UN PUEBLO FUERTE Y CON UN GRAN DESARROLLO CULTURAL, UN PUEBLO APÁTICO, DOMINADO, LLENO DE COMPLEJOS AGRESIVOS, INÚTIL PARA CUALQUIER ESFUERZO INTELECTUAL...

AH, PERO CÓMO PRODUCIMOS BOXEADORES!

LA COLONIZACIÓN ESPAÑOLA, EMPEÑADA EN EXPLOTAR LAS MINAS, DESEQUILIBRÓ LA ECONOMÍA INDÍGENA Y POR CONSIGUIENTE, SUS HÁBITOS ALIMENTICIOS...Y DESEMBOCÓ EN UNA DE LAS ECONOMÍAS MÁS VAMPIRESCAS QUE EXISTAN EN EL MUNDO...

TOME
Poca-Cola

LA INDUSTRIALIZACIÓN ALIMENTICIA -EN MANOS DE MONOPOLIOS GRINGOS- HA VENIDO DEGENERANDO LA COMIDA MEXICANA, DESDE LA TRADICIONAL TORTILLA HASTA LAS BEBIDAS ANTAÑO NUTRITIVAS Y HOY DESNUTRITIVAS. MÉXICO COME HOY PEOR QUE HACE CUATRO SIGLOS, Y LAS COMPAÑÍAS NORTEAMERICANAS, FABRICANTES DE PASTELITOS, DULCES, REFRESCOS, GALLETAS Y LATERÍA, SON -EN GRAN PARTE- CULPABLES.

¿ ENTONCES LOS MEXICANOS SOMOS COMO SOMOS POR LO MAL ALIMENTADOS ??

CLARO: LA DESNUTRICIÓN Y EL PERPETUO ESTADO DE INDIGES- TIÓN NOS <u>ALTERA</u> EL SISTEMA NERVIOSO !

EL MACHISMO NO ES OTRA COSA QUE UN ESTADO CRÓNICO DE IRRITABILIDAD ORIGINADO EN LA INTOXICACIÓN Y MALA DIGESTIÓN... QUE SE TRADUCE EN UNA FALTA DE DESARROLLO NORMAL DEL ORGANISMO (Y EL SISTEMA NERVIOSO ESPECIALMENTE..)

134

MIENTRAS LO PIENSA, LE DIREMOS QUE TODAS ESAS "VIRTUDES" LAS COMPARTIMOS CON NUESTROS HERMANOS LATINOS QUE, POR PURA COINCIDENCIA, SE ALIMENTAN IGUAL QUE NOSOTROS: MAL.

TODOS SABEMOS YA, Y SE REPITE CADA SEIS AÑOS, QUE TENEMOS UN NIVEL ALTÍSIMO DE DESNUTRICIÓN. NO SÓLO <u>NO</u> SE CONSUME CASI CARNE EN NUESTROS PAÍSES, PERO <u>TAMPOCO</u> LOS SUSTITUTOS DE LA CARNE: LECHE, HUEVOS, SOYA, TRIGO ENTERO, QUESO...

¡ NI VERDURAS O FRUTAS, PAISANO !

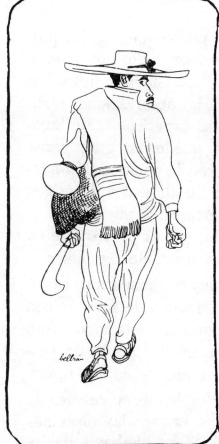

LA PRIMERA EXPRESIÓN BIOLÓGICA DE ESE DÉBIL CONSUMO DE PROTEÍNAS, ES EL CRECIMIENTO RETARDADO Y LA BAJA ESTATURA DE LOS LATINOAMERICANOS.
LAS OTRAS CONSECUENCIAS SON LA DISMINUCIÓN DE LA RESISTENCIA ORGÁNICA A LAS ENFERMEDADES Y LA FATIGA, DE LO QUE RESULTA:

• DISMINUCIÓN EN LA CAPACIDAD DE TRABAJO
• DISMINUCIÓN EN LA CAPACIDAD INTELECTUAL
• GRAVES COMPLEJOS

(Josué de Castro / GEOGRAFÍA DEL HAMBRE)

Durante cierto tiempo se pensó que solo las proteínas animales podían proveer todos los aminoácidos indispensables a las necesidades nutritivas del ser humano. Entre tanto, las observaciones realizadas en diversos países y las experiencias de laboratorio demuestran que se puede, en gran parte, atender a esas necesidades con la combinación adecuada de un cierto número de alimentos de origen vegetal. Ábrese, así, una perspectiva nueva para el problema de proteínas en los países pobres que no pueden consumir suficientes productos animales.

Es sabido que los vegetales contienen una cantidad de proteínas que varían mucho de acuerdo con las diferentes especies y según las estaciones. Aun así, ciertos vegetales tienen un alto grado de proteínas en sus hojas, en sus granos y en sus raíces.

En los últimos tiempos, los hombres de ciencia encontraron los medios para extraer las proteínas vegetales, especialmente las de las hierbas y de las hojas que normalmente solo son utilizadas en la alimentación de los rebaños. Los conocimientos actuales de la ciencia permiten, desde ahora, la transformación de estos vegetales en productos alimenticios industrializados, perfectamente consumibles por el hombre.

Un plan de "Proteínas para América latina" debe basarse, precisamente, en estas últimas adquisiciones de la ciencia. En esta región ya se conocen numerosas plantas que tienen una gran riqueza en proteínas; algunas de ellas poseen proteínas completas, capaces de proveer todos los aminoácidos esenciales para las necesidades biológicas del hombre. La nuez de Pará (*Bertholletia excelsa* HBK)[1], por ejemplo, planta originaria de la Cuenca Amazónica —donde se encuentra en apreciable cantidad—, posee una proteína cuya composición en aminoácidos es comparable a la de la carne.

La mandioca (*Manihot* spp.) [2], con cuya raíz se prepara una harina que es el alimento básico en gran parte de América Central y del Sur, puede también proveer, por deshidratación de sus ramas y hojas, una harina con un contenido medio de proteínas superior al que ofrece la harina de la raíz.

¿ QUÉ FALTA ENTONCES PARA ALIMENTAR BIEN AL MEXICAN PUEBLO ?

UN PRESIDENTE EUROPEO (NO DIGO QUIÉN) DIJO UNA VEZ QUE EL PROBLEMA DE AMÉRICA LATINA ERA QUE ESTABA GOBERNADA POR RATEROS... PERO MUY TONTOS.

(A DIFERENCIA DE OTROS PAÍSES, DONDE, SI BIEN ROBAN, AL MENOS SABEN GOBERNAR..)

▶ Y ES DOLOROSO PERO CIERTO QUE EN MÉXICO EN LOS ÚLTIMOS TIEMPOS HEMOS ESTADO GOBERNADOS POR RATEROS, Y ADEMÁS INCAPACES... QUE NO HAN SABIDO RESOLVER LOS PROBLEMAS BÁSICOS DEL PAÍS:

* AGRICULTURA y
* EDUCACIÓN

EL PROBLEMA DEL CAMPO ES DE TODOS CONOCIDO COMO PARA INSISTIR EN FREGAR CON ÉL, Y A TODOS NOS CONSTA EL FRACASO DEL PRI-REVOLUCIÓN EN APLICAR LA REFORMA AGRARIA: HASTA ELLOS LO RECONOCEN EN ESTOS TIEMPOS DE GOLPES DE PECHO AUTOCRÍTICOS.

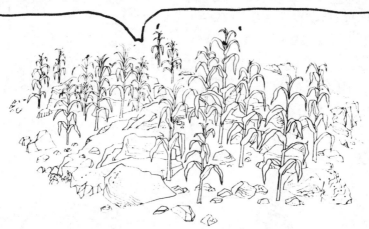

PERO LO QUE DA MÁS CORAJE ES VER QUE JAMÁS EN LOS 63 AÑOS DE REVOLUCIÓN -U LO QUE SEA- SE HA BUSCADO, INTENTADO O PRETENDIDO EDUCAR AL PUEBLO EN MATERIA DE ALIMENTACIÓN... EXCEPTO LA PUBLICIDAD QUE SE DA A LO QUE DESAYUNAN LOS PRESIDENTES...

(DESAYUNOS QUE POR LO GENERAL, SON LO CONTRARIO DE UNA BUENA NUTRICIÓN)

POR LO TANTO, MODESTAMENTE HEMOS EMPEZADO A LUCHAR DESDE NUESTRA PINCHURRIENTA TRIBUNA POR UNA MEJOR ALIMENTACIÓN DE NUESTRO PUEBLO... NOMÁS QUE VA A ESTAR DIFÍCIL SI EL GOBIERNO SIGUE HACIÉNDOSE PATO Y NO HACE NADA POR CAMBIAR NUESTRAS IMBÉCILES AUNQUE MEXICANAS TRADICIONES ALIMENTICIAS...

¿QUÉ SE PODRÍA HACER, POR EJEMPLO?

PUES, PARA EMPEZAR, SE PODRÍA ECHAR A TRABAJAR AL INÚTIL Y BUROCRÁTICO "INSTITUTO NACIONAL DE LA NUTRICIÓN", QUE HASTA LA FECHA NADIE SABE PARA QUIÉN TRABAJA... PERO SÍ SABEMOS CUÁNTO VAGO MANTIENE Y CUÁNTOS MILLONES DE PESOS SE TRAGA CON TODO Y AVIADORES... ¿O NO?

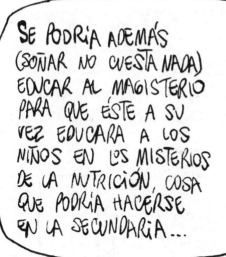

SE PODRIA ADEMÁS (SOÑAR NO CUESTA NADA) EDUCAR AL MAGISTERIO PARA QUE ÉSTE A SU VEZ EDUCARA A LOS NIÑOS EN LOS MISTERIOS DE LA NUTRICIÓN, COSA QUE PODRIA HACERSE EN LA SECUNDARIA...

(ANTES QUE LA REACCIÓN NOS CIERRE LAS ESCUELAS...)

¿Y A NIVEL MÉDICO?

AUNQUE VD. NO LO CREA, EN NUESTRAS ESCUELAS DE MEDICINA NO HAY ESTUDIOS DE NUTRICIÓN... Y SI LOS HAY, NADIE LES DA IMPORTANCIA...

¡POS QUE SE LA VAYAN DANDO!

Y ADEMÁS SE PODRÍAN APROVECHAR LOS MEDIOS DE DIFUSIÓN (LA TELE EN ESPECIAL) PARA ORIENTAR AL PUEBLO SOBRE LOS MALES DE NUESTRA COMIDA..

¿ Y MIEnTRAS..?

PERO MIENTRAS SON PERAS O SON MANZANAS, NOS VAMOS A AVENTAR NOSOTROS COMO EL BORRAS, A DAR ALGUNOS CONSEJOS Y SUGESTIONES SOBRE CÓMO PODEMOS COMER PARA TENER BUENA SALUD..

¡BAH! LO QUE DIGA LA TELE ES BUENO !

SEGÚN PARECE, TODOS NOS VAMOS A MORIR ¡HASTA LOS MILLONARIOS!

YOOOOY.. ¿USTÉ CREE? ¡HASTA LOS DEL CANIJO **RIP**..!

ES QUE A ESTE MUNDO NOMÁS VENIMOS DE PISAYCORRE, ONTIVEROS!

LA CIENCIA HA AVANZADO DE A FEO, YA HACE HASTA NIÑOS.. PERO NO SE HA INVENTADO AUN NADA PARA NO MORIRSE...

¡ENTONCES HAY QUE GOZAR DE LA VIDA, JOVEN!

Y ASÍ EL HOMBRE, QUE SEGÚN TODOS LOS INDICIOS NO ES MÁS QUE UN ANIMAL CON USO DE RAZÓN, HA TOMADO ESA GRAN VERDAD EN DOS FORMAS, O DOS FILOSOFÍAS:

Y HAY QUE VIVIR APRISA ANTES QUE SE NOS TERMINE EL PERMISO..

¡ESO! ALIVIÁNATE Y GÓZALA, PAPACITO..

ESA "FILOSOFÍA" DE GOZAR LA VIDA RÁPIDO, INCLUYE LO QUE SE HA DADO EN LLAMAR LOS **EXCESOS:** EXCESOS EN EL BEBER, EL FUMAR, EL HACER EL AMOR, EL DIVERTIRSE Y TAMBIÉN EL COMER..

¡QUÉ VIDA!

LA SEGUNDA FILOSOFÍA ES MENOS POPULAR ENTRE LA TROPA:

HAY QUE DARLE UN SENTIDO A LA VIDA..

¡BAH!

NO ES, COMO PUDIERA CREERSE, UNA FILOSOFÍA RELIGIOSA CON VISTAS A OTRO MUNDO, PUES LA PRACTICAN SOBRE TODO LOS ATEOS, (Y EN MENOR CANTIDAD LOS AUTÉNTICOS CRISTIANOS Y LOS PAÍSES ORIENTALES..)

VIVIR ES TRATAR DE DESCUBRIR EL OBJETO DE LA VIDA..

...MIDAS CUENTAS Y SIN
...S EN HONDURAS NI EN
...LPA, PODEMOS RESUMIR
...OSOFÍA ASÍ:

...VIDA ES
...NICA
...TUNIDAD QUE
...EMOS DE
...ER ALGO
...ÚTIL..

¿ GOZAR O SERVIR ?

(EL TEMA ES LARGO Y AHÍ SE LO DEJAMOS
PARA QUE LO DESTROCE.. Y NOS VAMOS
A LO QUE TE TRUJE, CHENCHA, O SEA A
LA CUESTIÓN DE LA COMIDA NATURAL..)

...PARA EMPEZAR UNA COSA: EL
...TE" DE LA VIDA PARA TODOS LOS
...EEN QUE PARA ESO ES
...,CONSISTE EN
...R ARTIFICIALMENTE
...NTIDOS, CON
...CIAS
...A LOS
...OS:

OOOH: ALCOHOL, DROGAS, UN CIGARRITO, UN AFRODISÍACO, UN BUEN BISTEC..

TODAS LAS SENSACIONES ADQUIRIDAS SON PUES, "FORZANDO" AL CUERPO, A LA MÁQUINA QUE TENEMOS..CON LOS RESULTADOS QUE OCURREN CUANDO SE FORZA UN MOTOR : TRUENA..

¿ QUE CÓMO ME SIENTO DESPUÉS DE UNA PARRANDA? @*#?! ¡QUÉ PREGUNTITAS !

A FIN DE CUENTAS, EL QUE PARA "GOZAR" DE LA VIDA FUMA COMO LOCO, BEBE O SE INYECTA, SE DESVELA O TRAGA COMO HUÉRFANO, TIENE EN TAN MAL ESTADO SU ORGANISMO QUE ACABA POR NO PODER "GOZAR" LA COMIDA O LA BEBIDA POR ESTAR ENFERMO..

PARA MILLONES DE GENTES, LA VIDA ES SÓLO LA BÚSQUEDA DE LO QUE A ELLAS LES INTERESA, POR LO GENERAL EL DINERO..

Y TODO LO QUE CON ÉL SE CONSIGUE..

¿LA GU... PROBLEM... ALZA DE... ¿LA RE... INVASIO...

146

EN RES... ME TERN... TEGUCIG... ESTA F...

LA LA OPO... TER... HA...

ES SORPRENDENTE EL NÚMERO DE MEXICANOS Y MEXICANAS A QUIENES TIENE SIN CUIDADO QUE A SU ALREDEDOR HAYA PROBLEMAS: SÓLO LES INTERESA LO QUE LES PUEDA AFECTAR A ELLOS..

¿HUELGA DE PILOTOS? ¿CÓMO SE ATREVEN? ¡YO TENGO QUE ESTAR EL LUNES EN LA FIESTA DE LAS GORIBAR EN GUADALAJARA!

¡DES... CUBA... PAÍS... NO HE... FUM... HA...

VEAMO... "DISFRU... QUE C... LA VID... EXCIT... LOS S... SUSTA... AJENA... SENTI...

¿LE PREOCUPARÁ AL DUEÑO DE LA COCA-COLA QUE SU REFRESCO ESTÉ DAÑANDO LA SALUD DE MILES DE NIÑOS? ¿PENSARÁ EL QUE VENDE PAPAS FRITAS QUE SU PRODUCTO ESTÁ ENFERMANDO A MUCHA GENTE?

¿BAJARON LAS VENTAS? ¡HAY QUE REFORZAR LA PUBLICIDAD!

ESTAS FILOSOFÍAS RIGEN -CLARO ESTÁ- EL MODO DE COMER.. A LOS EGOÍSTAS, NI SIQUIERA LES IMPORTA LO QUE LE PASE A SU CUERPO, SI "ESTÁN GOZANDO LA VIDA AL COMER "COMO LES GUSTA"... LOS OTROS EN CAMBIO, SACRIFICAN EL "SABOR" PARA TENER BUENA SALUD Y PODER ASÍ SERVIR MEJOR, TRABAJAR, SER ÚTILES AL PRÓJIMO..

⟪IMAGE crop omitted⟫

PORQUE, SEÑORAS Y SEÑORES, CUATES Y CUATAS: PARA GOZAR DE LA VIDA CUAL DEBE SER, Y DISFRUTAR COMO SE DEBE DE UN BUEN VINO, UN BUEN PLATILLO O UNA CRIATURITA DEL SEXO OPUESTO (EJEM), EL CUERPO TIENE QUE ESTAR EN BUEN ESTADO...

¿DICE USTED QUE LA DIABETES ES ENEMIGA DEL AMOR? ¡CON RAZÓN NOMÁS NO..!

Y LAS COSAS QUE AMUELAN MÁS AL ORGANISMO SON LAS COSAS QUE SEGÚN MUCHOS SON EL "DISFRUTE" DE LA VIDA:

VINO, CIGARRO, UNA BUENA COMIDA...

CREO QUE YA SALE SOBRANDO HABLAR MAL DEL CIGARRO Y DEL ALCOHOL COMO PRINCIPALES ENEMIGOS DE LA SALUD: AMBOS HACEN TANTO MAL COMO LAS DROGAS, PERO..

¿TAMBIÉN LA COMIDA ES UN ENEMIGO DE LA SALUD??

AH, NO.. ¡A MÍ NADIE ME QUITA MIS FILETOTES NI MIS CHULETAS!

YA HABLAMOS ANTERIORMENTE DE LOS MALES DE LA COMIDA ANTINATURAL QUE TENEMOS EN MÉXICO (Y EN GENERAL, EN TODOS LOS PAÍSES SUBDESARROLLADOS: DE AHÍ EL SUBDESARROLLO..) PERO NOS QUEDAMOS A MEDIAS: SI LO QUE COMEMOS NO NOS HACE PROVECHO.. ¿QUÉ COMER ENTONCES?

¿QUÉ PODEMOS COMER?

¿CON QUÉ ACONSEJA
DOÑA JANE KINDERLEHRER
RELLENAR LA DESPENSA,
EN VEZ DE TODO ESO??

- MELAZA
- MIEL NATURAL
- AZÚCAR PRIETOTA
- HARINA DE SOYA
- HARINA DE TRIGO ENTERO
- HARINA DE ALGARROBO
- GERMEN DE TRIGO
- ACEITE DE GERMEN DE TRIGO
- ACEITES DE SÉSAMO, SOYA, GIRASOL, CÁRTAMO, ETC.
- LEVADURA DE CERVEZA
- SEMILLAS DE GIRASOL
- PEPITAS DE CALABAZA
- SAL DE MAR
- COCO RALLADO
- NUECES DE TODAS
- FRUTAS SECAS
- YOGURT
- HONGOS SECOS

CON PUROS
ALIMENTOS
NATURALES

(¡Y BIEN
RAROS!)

¿Y DÓNDE
SE CONSIGUE
TODO ESO?

No es por presumir, pero después de la publicación de este ~~molesto~~ modesto librajo han surgido en todo México cientos de tiendas naturistas, algunas que llevan el nombre de este libro y son propiedad de mi cuatacha Irene S. de Guadalajara, puesn.

PERO ESTO DEBERÍA SER
LO QUE SE VENDIERA EN
LAS CONASUPO!

EN LAS
TIENDAS
NATURISTAS QUE
YA ABUNDAN
EN MÉXICO..

HASTA AHORA LA CONASUPO SE HA ENCARGADO DE VENDERLE AL PUEBLO PORQUERÍAS (PERO BARATAS AL MENOS): COSAS DE SEGUNDA, EN MAL ESTADO, CORRIENTES, DESECHOS, SOBRANTES Y VIEJAS (NO MALENTIENDAN..)

LA CONASUPO PODRÍA SER, SIN EMBARGO, EL CONDUCTO IDEAL PARA LLEVARLE AL PUEBLO LA BUENA ALIMENTACIÓN, Y DE PASO EDUCARLO PARA QUE SEPA USAR ESAS COSAS "RARAS", —PERO MEJORES QUE UN BISTEC— COMO LA SOYA, EL GERMEN DE TRIGO, LA LEVADURA DE CERVEZA, EL MASCABADO, EL GIRASOL, LAS NUECES, PASAS, DÁTILES, ETC.

TODO LO CUAL SE DA EN MÉXICO Y SU VENTA NO ES PROBLEMA..

(EXCEPTO PARA LOS MONOPOLIOS EXTRANJEROS QUE CONTROLAN TODA "NUESTRA" INDUSTRIA ALIMENTICIA..)

¡ESA SÍ QUE SERÍA UNA MEDIDA REVOLUCIONARIA!

NI CUBA, NI LA URSS, NI CHINA (ALLÁ A MEDIAS), NI NINGÚN PAÍS HA LLEVADO A CABO UNA REVOLUCIÓN ALIMENTICIA COMO LA QUE SE PODRÍA LLEVAR A CABO EN MÉXICO PARA BENEFICIO DE TODOS...

YAA: QUE SEA MENOS, ¿ NO ?

LA COSA PARECE EXAGERADA, PERO NO: UN PUEBLO ES LO QUE COME, Y PODEMOS VER LA DECADENCIA MORAL DE UN PAÍS VIENDO LO QUE CONSUME: ESTADOS UNIDOS O ESPAÑA O CHINA O ALEMANIA..

HOT DOGS, HAMBURGUESAS, HAM AND EGGS, REFRESCOS A LO BESTIA, SANDWICHES, LATAS Y MÁS LATAS, PASTELES, DULCES A LO LOCO, PIZZAS...

Y NO ES POR NADA QUE E. UNIDOS SEA UN PAÍS ENFERMO —FÍSICA Y MORALMENTE— Y LO ES MÁS CADA DÍA, A MEDIDA QUE SU ALIMENTACIÓN SE HA VENIDO INDUSTRIALIZANDO Y DESNATURALIZANDO...

EL AUMENTO DE ENFERMEDADES, CRIMENES, DROGAS, MUERTES DEL CORAZÓN ES MAYOR EN LOS PAISES CAPITALISTAS (USA, FRANCIA, JAPÓN, INGLATERRA, ALEMANIA OCCID., HOLANDA, ETC.) DONDE POR PURA COINCIDENCIA LA ALIMENTACIÓN ES CADA DÍA MÁS NEGOCIO DE PARTICULARES, Y DONDE CADA DÍA SE COME PEOR...

CALDO ENLATADO, SOPAS IDEM, BISTEC CONGELADO, PESCADO IDEM, FRUTA EN LATA, BOTANA EN LATA, CAFÉ EN POLVO, GUISADO EN PASTILLAS...

ES DECIR, SON PAISES DONDE EL PÚBLICO YA NO SABE QUÉ COME, PUES LA QUÍMICA Y LOS "ADELANTOS" HAN HECHO ESTRAGOS EN LOS ALIMENTOS AL PINTARLOS, ENDULZARLOS, PRESERVARLOS, COMPRIMIRLOS, "VITAMINIZARLOS" (PURO CUENTO...), HIDROGENIZARLOS, DEDETIZARLOS, PURIFICARLOS, PULIRLOS, BLANQUEARLOS Y HOMOGENEIZARLOS...

¿Y LOS GERBER?

¿Y LOS GANSITOS Y TWINKYS?

¿O LOS "ALIMENTOS" PARA PERRO?

¿ALGUIEN SABE DE QUÉ SE HACE LA "LECHE" LALA?

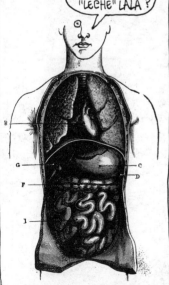

UNO DE LOS PEORES ALIMENTOS (Y QUE UNOS PEDIATRAS IRRESPONSABLES "RECOMIENDAN") SON LOS TALES GERBER, DIZQUE ALIMENTOS INFANTILES, QUE HAN PERDIDO EN SU PROCESO DE INDUSTRIALIZACIÓN TODAS LAS PROPIEDADES DE LA FRUTA O LA VERDURA...

(Y LO MISMO VA PARA LOS DE LA NESTLÉ: POR MARCA NO MEJORAN...)

POR OTRA PARTE, YA RESULTA IMPOSIBLE HALLAR UN DULCE QUE NO ESTÉ PINTADO CON COLOR SINTÉTICO. PINTAN TAMBIÉN LA HARINA, LAS JALEAS Y MERMELADAS, LA MARGARINA, LA SALSA DE TOMATE, EL JAMÓN, LAS SALCHICHAS.. ¡HASTA LAS NARANJAS!

¡DE LA VISTA NACE EL AMOR!

Y DEL COLOR, EL CÁNCER..

EL GOBIERNO DE LOS ESTADOS UNIDOS ESTÁ "ESTUDIANDO" DESDE 1956 UNA LEY PARA PROHIBIR EL USO DE COLORANTES ARTIFICIALES EN LOS ALIMENTOS, POR ESTAR COMPROBADO QUE PRODUCEN CÁNCER Y ALTERACIONES DEL SISTEMA CIRCULATORIO. PERO COMO LA SUPER INDUSTRIA ALIMENTICIA ES PODERO$A, AÚN SE SIGUE "ESTUDIANDO"..

SÓLO MENCIONAREMOS -PARA TERMINAR ESTE ASUNTO- ALGUNOS PRODUCTOS QUÍMICOS QUE SE USAN A DIARIO EN LOS ALIMENTOS, Y QUE SE HA DEMOSTRADO SON NOCIVOS:

VIVIMOS EN UN SISTEMA DE LUCRO, Y A LOS FABRICANTES DE ALIMENTOS ES LO ÚNICO QUE LES IMPORTA: EL DINERO..

¿NO ES TIEMPO YA DE PAGARLES CON LA MISMA MONEDA??

ARSÉNICO, COMO USADO INSECTICIDA

COMPUESTOS SEMEJANTES A LA CERA, USADOS EN RECIPIENTES PARA LA LECHE Y LOS JUGOS..

LOS COLORANTES SUSODICHOS..

ACEITES MINERALES USADOS PARA COCINAR Y PRESERVAR LOS ALIMENTOS ENLATADOS

SABORIZANTES QUÍMICOS USADOS PARA REALZAR EL SABOR DE PASTAS, SOPAS, SALSAS, GALLETAS..

DROGAS ANTIBIÓTICAS USADAS EN AVES Y GANADO PARA ACELERAR SU CRECIMIENTO..

EN LOS USA Y OTROS PAISES, SE HA INICIADO YA UNA "VUELTA A LA NATURALEZA" Y MUCHÍSIMA GENTE HA DEJADO DE CONSUMIR PRODUCTOS BALINES COMO PASTELITOS, DULCES, REFRESCOS, ALIMENTOS ENLATADOS, CHICLES, GALLETAS, ETC, ETC.

¡CONSUMA LO QUE LA TIERRA PRODUCE!

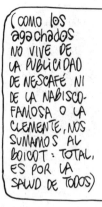

(COMO LOS agachados NO VIVE DE LA PUBLICIDAD DE NESCAFÉ NI DE LA NABISCO-FAMOSA O LA CLEMENTE, NOS SUMAMOS AL BOICOT: TOTAL, ES POR LA SALUD DE TODOS)

¡PERO YA ME ESTOY MURIENDO DEL HAMBRE Y NO ME HAN DICHO QUÉ PUEDO COMEEER!

MOMENTO: ORITA LE TRAIGO SU ALFALFA..

COMO YA HABRÁN ADIVINADO, SE TRATA DE VOLVER A COMER COMO ANTES...Y MANDAR A VOLAR LA COMIDA "CIVILIZADA"..

ES DECIR, COMER CON LA NATURALEZA Y NO EN CONTRA DE LA NATURALEZA, QUE ES COMO LO ESTAMOS HACIENDO A DIARIO..

¿NO ES MUY DIFÍCIL HACERLO EN PLENO SIGLO VEINTE??

¿SÓLO EN EL CAMPO SE PUEDEN CONSUMIR LOS ALIMENTOS NATURALES? ¡QUÉ VA!

DESDE LUEGO, A LAS PERSONAS QUE VIVEN Y COMEN DENTRO DE UNA OFICINA, LES RESULTARÁ UN POCO DIFÍCIL COMER BIEN, PERO EN GENERAL NO ES MAYOR PROBLEMA COMER BUENO Y SANO: POR FORTUNA LA CIVILIZACIÓN NOS HA DEJADO AÚN MUCHO Y VARIADO QUE COMER, Y HASTA MÁS BARATO, SI NOS PONEMOS CHANGOS..

EMPEZAREMOS CON LAS FRUTAS, QUE ABUNDAN EN MÉXICO Y SON BARATAS..

..Y QUE CONSTITUYEN EL MEJOR DESAYUNO..

LAS FRUTAS SON, ESENCIALMENTE, LA FUENTE MÁS RICA DE MINERALES Y VITAMINAS (Y CARBOHIDRATOS) PARA NUESTRO ORGANISMO. PERO...

¡MAL, CABALLERO! POR LO GENERAL LOS COCTELES DE FRUTA SON UNA BOMBA PARA EL ESTÓMAGO POR LA MALA COMBINACIÓN: LA FRUTA NO SE DEBE REVOLVER ASÍ NOMÁS, SINO CON CIERTO ORDEN, DE ACUERDO AL TIPO DE FRUTA..

HAY TRES TIPOS DE FRUTA:

DULCE { MAMEY.
PLÁTANOS.
ZAPOTES · CHICOZAPOTES.
HIGOS (FRESCO Y SECO)
CIRUELAS PASAS.
PASAS · DÁTILES.
FRUTAS SECAS.

ÁCIDA { NARANJA · LIMA.
LIMÓN · TORONJA.
MANDARINA.
LIMÓN REAL.
PIÑA · MEMBRILLO.
FRESAS · GUAYABA.

SUB ÁCIDA { PAPAYA · TUNA.
MANZANA.
PERA · UVAS.
MANGO · ANONA.
CHIRIMOYAS.
CIRUELA · NÍSPERO.

DULCE Y ÁCIDA NO SE DEBEN COMBINAR, SINO: DULCE CON SUBÁCIDA... Y ÁCIDA CON SUBÁCIDA, O HACEN CIRCO...

LO IDEAL ES COMER LA FRUTA EN LA MAÑANA (ÁCIDAS) Y EN LA NOCHE (DULCES), BIEN MASTICADA Y SIN AZÚCAR. SI QUIERE ENDULZAR, USE MIEL..

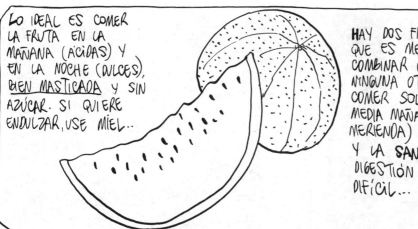

HAY DOS FRUTAS QUE ES MEJOR NO COMBINAR CON NINGUNA OTRA, SINO COMER SOLITAS (A MEDIA MAÑANA O COMO MERIENDA): EL MELÓN Y LA SANDÍA, CUYA DIGESTIÓN ES MUY DIFÍCIL...

LA FRUTA, ADEMÁS, TIENE DOS VIRTUDES: ALIMENTA Y CURA, O SEA QUE EN MUCHOS CASOS SUPLE A LA MEDICINA..

A LAS PRUEBAS ME REMITO EN UN MOMENTITO:

LA MANZANA ES LA FRUTA POR EXCELENCIA, POR SU RIQUEZA MINERAL Y EN VITAMINA C. IDEAL PARA LOS ARTRÍTICOS, PUES ELIMINA EL ÁCIDO ÚRICO. TAMBIÉN FUNCIONA EN LAS DIARREAS. SE RECOMIENDA COMERLA CON TODO Y CÁSCARA, POR SER EN LA CÁSCARA DONDE SE ENCUENTRA LA CELULOSA, ELEMENTO BÁSICO PARA EVITAR LOS (PUF) ESTREÑIMIENTOS..

PERO LA MAYOR RIQUEZA EN VITAMINA C (OLVÍDESE DE LAS PASTILLAS) ESTÁ EN LOS CÍTRICOS: LIMÓN, LIMA, NARANJA, TORONJA MANDARINA..

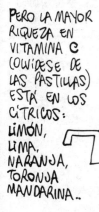

VITAMINA C

EN AYUNAS TODOS LOS DÍAS, OLVÍDESE DE LA GRIPE..

..Y DEL REUMATISMO, GOTA Y ARTRITIS. JUGO DE LIMÓN EN AYUNAS, ELIMINA LAS LOMBRICES Y LIMPIA EL HÍGADO, NOMÁS QUE TÓMELO CON POPOTE O ADIÓS DIENTES, LOS QUE HAY QUE LAVARSE LUEGO LUEGO DESPUÉS DE TOMAR CÍTRICOS..

EN VEZ DE MONUMENTOS IDIOTAS A PEDRO INFANTE, ESTO ES LO QUE MERECE UN MONUMENTO..

PLÁTANOS
O EL MEJOR CARBOHIDRATO..

EL PLÁTANO ES UN BUEN ALIMENTO PUES, AUNQUE NO TIENE PROTEÍNAS NI MINERALES, PROVEE DE CARBOHIDRATOS QUE NO ENGORDAN, COSA RARA EN LOS CARBOHIDRATOS. ESO SÍ, HAY QUE COMERLOS BIEN MADUROS Y HAY QUE MASTICARLOS BIEN.

¡NO LOS COMBINE NUNCA CON FRUTAS ÁCIDAS !

POR UVAS NO PARAMOS ☀ HIC !

¡AH, SI NO TOMÁRAMOS LAS UVAS EMBOTELLADAS, SINO ASÍ NOMÁS !

LA UVA ES UN FRUTO INCREÍBLE DE BUENO : REGULA SECRECIONES, DISUELVE LOS DEPÓSITOS CALCÁREOS, AUMENTA LA SECRECIÓN BILIAR, ESTIMULA LOS CENTROS NERVIOSOS, LA CIRCULACIÓN Y LA SECRECIÓN ÁCIDA DEL ESTÓMAGO.. ¿ POS QUÉ TANTO TIENEN LAS UVAS..? DIRÁ USTED..

LA UVA CONTIENE ·SALES MINERALES, VITAMINAS A, B y C, AZÚCAR (GLUCOSA) Y AGUA. CÓMASELAS CON TODO Y CÁSCARA Y SEMILLAS, Y TENDRÁ TODO UN SEÑOR ALIMENTO..

Y ADEMÁS SON SABROSAS Y BARATAS..

TUNAS, PERAS, PAPAYAS, MANGOS, GUAYABAS.. ¡PUF! ¿QUÉ MEJOR DESAYUNO QUE UN BUEN PLATO DE FRUTAS FRESCAS...??

(SI ES DE UNA SOLA, MEJOR..)

¡NUEZ BUENA, NUEZ BUENA!

¿Y SI NO ES BUENA PA' QUÉ LA VENDE?

↑ CHISTE DEL AÑO DEL CALDO..

..PERO NOS DA PIE PARA EMPEZAR A METERNOS CON LAS ENGAÑOSONAS **NUECES**

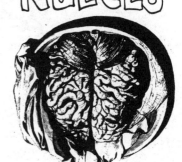

PIÑÓN ALMENDRA BELLOTA CASTAÑA NUEZ NUEZ DE CA INDIA, etc.

TODAS SON FRUTAS OLEAGINOSAS, ES DECIR, DAN ACEITE.. DE AHÍ QUE SEAN PESADITAS..

LO CUAL NO LES QUITA LO NUTRITIVO: RICAS EN GRASAS Y PROTEÍNAS, LAS NUECES SON UNO DE LOS ALIMENTOS QUE SUPLEN A LA CARNE Y CON VENTAJAS. UNA ALMENDRA ES MEJOR ALIMENTO A LA LARGA, QUE UN TACO DE CARNE, DICHO SEA CON PERDÓN..

(Y NO SE LES PEGA LO "GÜEY"..)

3   The Nutcracker

LAS NUECES, ADEMÁS CONTIENEN FUERTES CANTIDADES DE SALES MINERALES (FÓSFORO, CALCIO, MAGNESIO, AZUFRE) Y VITAMINA B, POR ESO NO HAY QUE COMER EN CANTIDADES SERIAS (AMÉN QUE SON GRASOSAS)

¿Y EL CACAHUATE, JOVEN?

IGUAL QUE LAS NUECES, PERO MÁS BARATO, EL CACAHUATE ES OTRO MAGNÍFICO ALIMENTO RICO EN PROTEÍNAS, GRASA Y MINERALES. COMO LAS NUECES, HAY QUE COMERLO POCO Y BIEN MASTICADO...

¿Y LA FRUTA SECA?

¡OTRA MARAVILLA ALIMENTICIA!! CIRUELAS, PASAS, HIGOS, DÁTILES, SON RICOS EN MINERALES, VITAMINAS, CARBOHIDRATOS Y PROTEÍNAS.. Y DE PILÓN NO TIENEN GRASAS LOS CONDENADOS...

ESTAS PEQUEÑAS FRUTITAS SON SÚPER-ALIMENTOS, FÁCILES DE CONSERVAR, LIGEROS DE LLEVAR, NUTRITIVOS, ENERGÉTICOS Y CALÓRICOS.
LO LAMENTABLE ES QUE CASI TODOS SON CAROS (DÁTILES E HIGOS, SOBRE TODO..)

NO HAY NADA MEJOR PARA LAS EXCURSIONES

(NO OLVIDAR LAS VIRTUDES DE LA CIRUELA-PASA EN EL ESTREÑIMIENTO!)

Y YA QUE ESTAMOS HABLANDO DE CIRUELAS Y ESTREÑIMIENTO, VAMOS A APROVECHAR LA OCASIÓN PARA HABLAR DE LOS EXCUSADOS...

¡Y SU INUTILIDAD!

¿QUIÉN DIABLOS DISEÑÓ O INVENTÓ ESOS SANITARIOS DONDE EL CUERPO NO ESTÁ EN BUENA DISPOSICIÓN PARA EVACUAR EL VIENTRE? LA MEJOR POSTURA PARA HACER BIEN LA POPÓ ES EN CUCLILLAS, COMO EN EL CAMPO (EN ORIENTE NO SE USAN LAS TAZAS..)

ALLÁ EN EL SABIO ORIENTE (CERCANO, LEJANO Y MEDIO) LOS EXCUSADOS SON SÓLO DOS <u>HUELLAS</u> Y UN AGUJERO (CON AGUA CORRIENTE, DESDE LUEGO..) TODO, AL NIVEL DEL PISO, CLARO.

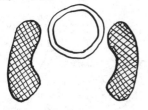

¿ NO PODRÍA AQUÍ LA INDUSTRIA HACER EXCUSADOS CHAPARRITOS?

HUMMM

Y DESPUÉS DE ESTE INTERMEDIO ESCATOLÓGICO, NOS VAMOS A LAS..

VERDURAS

O SEA, LA BASE <u>NATURAL</u> DE LA ALIMENTACIÓN HUMANA JUNTO CON LA FRUTA DESDE QUE ÉRAMOS CHANGUITOS..

EL REINO VEGETAL ES →

FRUTAS
HORTALIZAS
LEGUMBRES
VERDURAS

(TODO LO QUE ES PLANTA, PUES..!)

LO IDEAL SERÍA COMERNOS <u>CRUDO</u> TODO, Y DE HECHO LO HACE ASÍ MUCHÍSIMA GENTE... PERO EN LA PRÁCTICA ES MEJOR COMBINAR CRUDO Y COCIDO...

PARA NO RECARGAR DEMASIADO AL ESTÓMAGO.

EMPEZAREMOS -COMO SE <u>DEBE</u> EMPEZAR TODA COMIDA DE MEDIODÍA- POR LAS MINERALIZANTES **ENSALADAS**....>

LAS VERDURAS Y HORTALIZAS CONTIENEN LO MEJOR DE LA TIERRA Y DEL SOL, DE DONDE SE NUTREN: COMPARE UNA ENSALADA DE RIQUEZAS NATURALES, CON UNA ARTIFICIAL Y BALIN SOPA DE PASTA...

PUES SÍ, PERO SIGO SINTIÉNDOME CONEJO..

TRADICIONALMENTE LA ENSALADA SE PREPARA CON ACEITE Y VINAGRE.. LE SUGERIMOS QUE TIRE A LA BASURA EL VINAGRE POR SER VENENO A LOS RIÑONES.

EN VEZ DE VINAGRE, USE LIMÓN

(Y EVITE LO MÁS POSIBLE LA SAL..)

¿RECETAS DE ENSALADAS? ¡.. USTED INVÉNTELAS!

SIMPLEMENTE ESCOJA TRES O CUATRO VERDURAS, PÓNGALAS EN AGUA DE SAL ¼ DE HORA, Y PÁRTALAS EN PLATÓN:

LECHUGA
JITOMATE
APIO
PEREJIL
CEBOLLA
PEPINO
COLIFLOR
CALABACITA
BERRO
RABANITO
BETABEL
PIMIENTO
COL
ZANAHORIA
(TODO CRUDO)

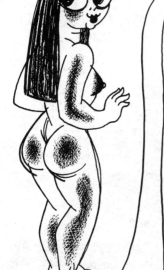

ADEMÁS, LE PUEDE AÑADIR A SU ENSALADA UN AGUACATE O UNAS ACEITUNAS..Y ¡LA GLORIA!

ENSALADAS COCIDAS:

PAPAS · ALCACHOFAS
EJOTES · HABA VERDE ·
CHÍCHAROS · GARBANZOS ·
BETABEL · BERENJENA ·
ESPINACAS · NABOS ·
ACELGAS · SOYA ·
CALABACITAS · CHAYOTE

¿LAS VERDURAS LAS HAGO CON CONSOMÉ SABROSEADOR, PATRONA...?

PUES SI QUIERE SEGUIR TENIENDO ESE CUERPO, SIGA FRIENDO LAS VERDURAS CON ACEITE Y OTRAS PORQUERIAS "SABROSEADORAS", SEÑORA...!

¡LAS VERDURAS SE COCEN AL VAPOR, O SIN AGUA!

GUISAR LAS VERDURAS ES QUITARLES SU SUSTANCIA, SUS MINERALES, VITAMINAS Y PROTEÍNAS.. POR ESO DICEN ALGUNOS QUE ES PREFERIBLE COMER CRUDA LA VERDURA, PARA APROVECHAR ÍNTEGRAS SUS PROPIEDADES...

¡CHUCHO EL JAROCHO! ¿...Y EL SABOR?

¡Y ULTIMADAMENTE, YO NO SÉ NADA DE COCINA, PUES...!

¡LOS ALIMENTOS YA TIENEN SU PROPIO SABOR, SEÑORA!

PERO SI QUIERE QUE TODO LE SEPA A CHILE O CONSOMÉ CUADRADO, ¡POS PÓNGASELOS!

PERO RECUERDE QUE EL SABOR SE LE DA FÁCILMENTE A BASE DE SALSAS HECHAS EN CASA, NO EMBOTELLADAS, SIN NECESIDAD DE FREÍR LAS VERDURAS EN LA SALSA..

LO QUE ESTOY TRATANDO DE DECIR ES QUE EL CALOR EXCESIVO DESTRUYE LAS VITAMINAS EN LOS ALIMENTOS Y PROVOCA ADEMÁS LA "LEUCOCITOSIS DIGESTIVA", O SEA EL AUMENTO DE GLÓBULOS BLANCOS EN LA SANGRE.. COSA QUE NO PRODUCEN DURANTE LA DIGESTIÓN LOS ALIMENTOS CRUDOS...

¿QUÉ DIABLOS SIGUE DESPUÉS DE LA ENSALADA??

TOMADA YA LA VITAMINA Y LOS MINERALES, SIGUEN LOS CARBOHIDRATOS QUE COMEREMOS EN LA SOPA:

¡AH: AQUÍ ES DONDE ENTRAN LAS PASTAS, MASCALZONI!

(ENTRARÍAN, SI HUBIERA EN MÉXICO PASTAS HECHAS CON EL TRIGO ENTERO.. PERO COMO NO LAS HAY TODAVÍA...)

SIN EMBARGO, HAY MIL FORMAS DE PREPARAR SOPAS NUTRITIVAS, BARATAS Y SABROSAS, CON BASE EN ESTOS ALIMENTOS FECULENTOS:

PAPAS, NABO, ZANAHORIAS, CHÍCHAROS, SOYA, GARBANZOS, FRIJOLES, HABAS, LENTEJAS, AVENA, CEBADA, ARROZ, ESPÁRRAGOS, ELOTE.. ¡SAN GÜANGO DE LAS TELERAS!

NO UTILICE CALDO DE CARNE: SE PUEDE FREÍR UN POCO DE AJO, JITOMATE Y CEBOLLA EN POCO ACEITE (VEGETAL) Y AÑADIRLO AL AGUA DONDE SE ESTÁ COCIENDO LA VERDURA O LEGUMBRE...

DESPUÉS DE LA SOPA, VIENE EL PLATILLO "FUERTE", DE GRASA Y PROTEÍNA..

¡AQUÍ LOS QUIERO VER! ¿CON QUÉ VAN A SUSTITUIR LA CARNE??

LA GRAN PREOCUPACIÓN DE LOS ENEMIGOS DE LA COMIDA NATURAL ES LA PROTEÍNA QUE TANTO NECESITA EL CUERPO HUMANO PARA REPARAR LOS TEJIDOS CELULARES...

¿ES CIERTO QUE EL CUERPO NECESITA PROTEÍNAS ANIMALES FORZOSAMENTE??

¡NO!

DEFINITIVAMENTE : **NO**

LO QUE EL CUERPO NECESITA ES SIMPLEMENTE PROTEÍNAS, PERO RESULTA QUE YA ESTÁ DEMOSTRADO QUE:

a LAS PROTEÍNAS DE ORIGEN ANIMAL PRODUCEN ÁCIDO ÚRICO Y AUMENTAN EN FEA FORMA LA PRESIÓN ARTERIAL..

b ..LAS PROTEÍNAS DE ORIGEN VEGETAL NO PRODUCEN NADA DE ESO Y SON MÁS COMPLETAS EN AMINOÁCIDOS..

¿ENTONCES?

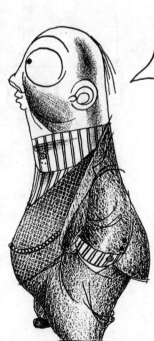

¿DÓNDE SE DAN LAS PROTEÍNAS VEGETALES?

PRINCIPALMENTE EN:

LA SOYA, EL GERMEN DE TRIGO (O TRIGO ENTERO) LA LEVADURA DE CERVEZA, LAS PAPAS..

PROTEÍNAS	FÉCULAS (•)	GRASAS
✳ LECHE	✳ PAPAS-AZÚCAR·	✳ ACEITE
✳ CARNE	✳ FRIJOLES	✳ MANTEQUILLA
✳ HUEVOS	✳ DÁTILES	✳ CACAHUATE
✳ QUESO	✳ HABAS·PASTAS·	✳ NUECES
✳ GERMEN	✳ ARROZ·MIEL·	✳ COCO
✳ SOYA	✳ CEBADA·AVENA	✳ ACEITUNAS
✳ PESCADO	✳ CHÍCHAROS	✳ AGUACATE
✳ YOGURT	✳ LENTEJAS	✳ MANTECAS
✳ LEVADURA	✳ PAN NEGRO	

LLAMADAS TAMBIÉN COMO ALBÚMINAS

• LLAMADAS TAMBIÉN CARBOHIDRATOS

DE ESTO, POCO...¿EH MANO?

frutas

ÁCIDA	SUB-ÁCIDA	DULCE
LIMONES	MANZANA	PLÁTANOS
LIMAS	PAPAYA	MAMEY·TUNAS·
NARANJAS	PERÓN	CHICOZAPOTE
TORONJAS	PERA	HIGOS
MANDARINAS	MANGO	ZAPOTES
MEMBRILLOS	UVA	
PIÑA	CHIRIMOYA	
FRESAS	ANONA	· SECA
	CIRUELA	CIRUELA·PASA
	MELÓN	PASAS
	SANDÍA	DÁTILES
	GRANADA	HIGO SECO
		OREJONES

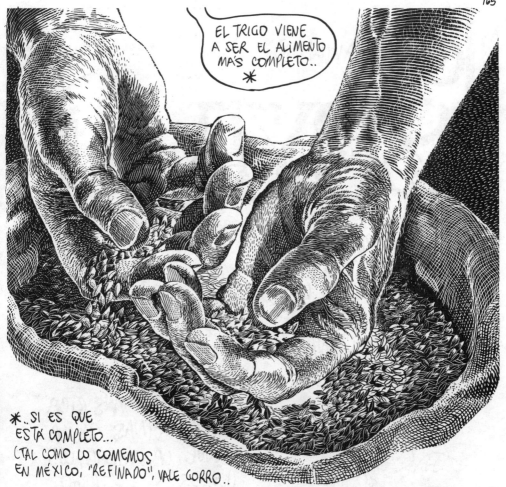

EL TRIGO VIENE A SER EL ALIMENTO MÁS COMPLETO..

✳ ..SI ES QUE ESTÁ COMPLETO... (TAL COMO LO COMEMOS EN MÉXICO, "REFINADO", VALE GORRO..

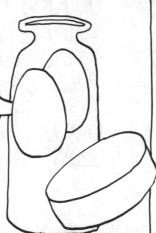

Y PARA LOS QUE AÚN QUIEREN SUS PROTEÍNAS DE ORIGEN NO VEGETAL, LAS PUEDEN TOMAR EN: LA LECHE LOS HUEVOS EL QUESO, DE INDUDABLE ORIGEN ANIMAL.. (¿ O NO ?)

SIN EMBARGO, AÚN EN LA LECHE, MANTEQUILLA, QUESO O HUEVO, LAS PROTEÍNAS ANIMALES PRODUCEN TAMBIÉN COLESTEROL.. COSA QUE NO OCURRE CON LA SOYA, POR EJEMPLO..

¿ La soya?

La MARAVILLOSA SOYA

UNO DE LOS PRIMEROS CULTIVOS CONOCIDOS POR EL HOMBRE, ES LA SOYA (FRIJOL DE SOYA) ORIGINARIA DE CHINA.

2500 años a. de C. !

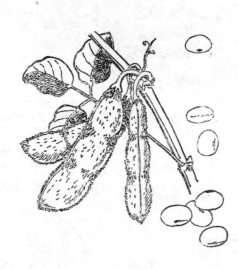

LA SOYA ES MÁS RICA EN PROTEÍNAS QUE LA CARNE, LA LECHE, LOS HUEVOS Y EL TRIGO. UN PLATO DE SOYA EQUIVALE A DOS FILETES, CUATRO HUEVOS, O CUATRO VASOS DE LECHE..! (ADEMÁS, CONTIENE TODAS LAS VITAMINAS)

PERO.. ¿ CÓMO SE CONSIGUE Y SE COME ??

LA SOYA HA EMPEZADO YA A PRODUCIRSE EN MÉXICO, PERO AÚN ES POCO CONOCIDA EN SUS MUCHAS VARIEDADES, PERO YA PUEDE CONSEGUIRSE...

¿Y CÓMO SE COCINA O CON QUÉ SE COME?

GERMEN DE SOYA →

LA SOYA SE PRESENTA a) COMO FRIJOL
b) EN HARINA
c) EN SALSA
d) COMO "QUESO" (TOFU)

O SEA, QUE SE PUEDE COMER COMO UN CALDO DE FRIJOLES. O -AÑADIDA LA HARINA DE SOYA A OTRAS HARINAS- EN PASTELES, SOPAS, GALLETAS O BUDINES. TAMBIÉN SE TOMA COMO SUSTITUTO DE LA LECHE O DEL HUEVO... O COMO LO HACEN LOS CHINOS: LA RIQUÍSIMA SOYA GERMINADA... LA SALSA SE LE AÑADE A LAS SOPAS...

LA SOYA ES UNO DE LOS MÁS ANTIGUOS ALIMENTOS CULTIVADOS POR EL HOMBRE. ES UNA LEGUMINOSA PARECIDA AL FRIJOL, DE ORIGEN CHINO, Y QUE CONTIENE TODOS LOS AMINOÁCIDOS, Y ADEMÁS GRASAS, VITAMINAS, MINERALES Y CARBOHIDRATOS

O SEA, TODO..

UNA PORCIÓN DE SOYA EQUIVALE A DOS BISTECES, CUATRO HUEVOS, CUATRO PANES NEGROS (Y COMO 5 TAZAS DE LECHE MEXICANA...)

..O SEA: POKITA, PORKE ES BENDITOS..

LA SOYA SE PUEDE TOMAR COMO SOPA, EN POLVO, EN ACEITE, COMO LECHE, EN GALLETAS, GERMINADA, EN PASTELES, O COMO "CARNE"... (Y ES SABROSA)

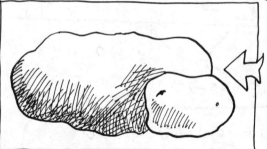

LA CAUSA DE LA BUENA ALIMENTACIÓN EUROPEA -EN GENERAL- SE DEBE A DOS COSAS: EL TRIGO Y.. LAS PAPAS.

LA PAPA (MUCHAS VECES DESPRECIADA POR BARATA) ES UNO DE LOS ALIMENTOS MÁS COMPLETOS, RICA EN PROTEÍNAS, MINERALES, VITAMINAS Y CARBOHIDRATOS.. ¡CASI NADA!

QUIENES CREEN QUE LA CARNE ES LA QUE MÁS NUTRE Y HACE MEJORES CUERPOS, SON CADA DÍA MENOS... NO SÓLO EN LA TEORÍA LA DOCTRINA DEL VEGETARIANISMO HA DEMOSTRADO SU SUPERIORIDAD, SINO SOBRE TODO EN LA PRÁCTICA DE MILES DE GENTES QUE HAN DEJADO LA CARNE..

(.. Y DESDE ENTONCES SÓLO VEN AL DOCTOR PARA CENAR CON ÉL..)

A VER, A VER..¿CÓMO QUEDÓ LA COSA?

PUES ÍBAMOS EN LA PARTE DE LAS PROTEÍNAS: SOYA, PAPAS, TRIGO, LECHE, HUEVOS, QUESO.. ¿QUÉ MÁS?

¿AÚN HAY MÁS? ¡YA NO ME CABE!

la maravillosa semilla de GIRASOL

¿EL GIRASOL QUÉ?

ES INDUDABLE QUE EL PUEBLO SABE A VECES MÁS DE NUTRICIÓN "POR INSTINTO" QUE MUCHOS NUTRIÓLOGOS.. LO DECIMOS PORQUE LOS PUEBLOS RUSOS Y EL MEXICANO SE LA VIVEN COMIENDO, EL UNO PEPITAS Y LOS RUSOS SEMILLAS DE GIRASOL...

(PUES RESULTA QUE, TANTO LAS PEPITAS COMO LAS SEMILLAS DE GIRASOL CONSTITUYEN UN ALIMENTO COMPLETO... Y DE LO MÁS BARATO !!)

YA QUE LAS PELÍCULAS MEXICANAS NO NUTREN, HAY QUE LLENARSE EL BUCHE DE PEPITAS!

NOMÁS VEA EL
CONTENIDO DE
UNA "MUGRE"
SEMILLA DE
GIRASOL:

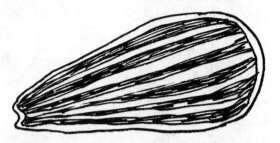

MINERALES
- HIERRO
- FÓSFORO
- CALCIO
- YODO
- POTASIO
- MAGNESIO
- MANGANESO

Y COBRE

VITAMINA
B
- TIAMINA
- RIBOFLAVINA
- NIACINA
- PIRIDOXINA
- ÁCIDO PARA-AMINO-BENZOICO
- BIOTINA
- COLINA
- INOSITOL
- ÁCIDO FÓLICO
- ÁCIDO PANTOTÉNICO
- PANTOTENOL

ADEMÁS: PROTEÍNA - VITAMINA D - VITAMINA E Y
ÁCIDO LINOLEICO, EL ÁCIDO QUE DETIENE EL
COLESTEROL DEL ACEITE... ¿QUIHUBO, JOVEN??

¿OTRA VENTAJA DE LA SEMILLITA DE GIRASOL? PUES, COMO TODOS SABEMOS, EL INTESTINO GRUESO NECESITA PARA SU CORRECTO FUNCIONAMIENTO, CIERTAS **FIBRAS** QUE DEBEN ESTAR CONTENIDAS EN EL ALIMENTO...

DESGRACIADAMENTE, LA ALIMENTACIÓN MODERNA HA ELIMINADO TODAS LAS FIBRAS, EN LA HARINA, AZÚCAR, ETC. ETC.

¿Y EL GIRASOL TIENE?

PUES YES: LA SEMILLITA DEL GIRASOL ES RICACHONA EN **FIBRAS** (MASTIQUE UNA Y LO VERÁ) QUE SON NECESARÍSIMAS AL INTESTINO.

- SE PUEDEN COMER TOSTADAS, COMO CHICLE
- SE PUEDEN HACER EN HARINA
- SE PUEDE HACER LECHE DE GIRASOL
- (LO MISMO VA CON LA PEPITA DE CALABAZA)

NOS QUEDA POR VER UN PROBLEMA BÁSICO EN LA ALIMENTACIÓN: LA MALA COMBINACIÓN Y EL EXCESO EN LAS COMIDAS..

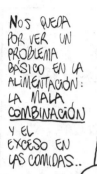

ES MEJOR COMER DE MENOS, QUE DE MÁS..

SÓLO DEJAR LA CARNE, NO NOS VA A DESINTOXICAR EL ORGANISMO, SI SEGUIMOS COMIENDO PAN BLANCO, DULCES, AZÚCAR BLANCA, REFRESCOS, EXCESO DE CHILE Y COMIDAS MAL COMBINADAS..

¿CÓMO SE COMBINAN LOS ALIMENTOS?

VAMOS A PONER UN EJEMPLO DE COMIDA MAL COMBINADA (SIN CARNE, POR SUPUESTO..):

HAY ARROZ CON QUESO, PAPAS AL HORNO CON CREMITA, HUEVOS AHOGADOS Y QUESADILLAS DE QUESO CON FRIJOLITOS..

¡CHARROS!

¡PÉSIMA COMBINACIÓN: PAPAS, CREMA, QUESO, HUEVO Y FRIJOLES SON PURAS PROTEÍNAS! ADEMÁS, NO HAY VERDURAS: ESA COMIDA ES UN GANCHO AL HÍGADO..

UNA COMIDA BIEN BALANCEADA DEBE CONTENER TODOS LOS ELEMENTOS: VITAMINAS Y MINERALES, CARBOHIDRATOS Y PROTEÍNAS. Y ALGO DE GRASA... PARA LOGRAR ESO, TODA AMA DE CASA DEBE SABER QUÉ ALIMENTOS SON "PROTEÍNICOS" Y QUÉ OTROS SON MINERALIZANTES..

CALDO DE HABAS, ARROZ CON CHÍCHAROS, PAPAS Y FRIJOLES DE LA OLLA.. ¡.. PUROS CARBOHIDRATOS!

LO MEJOR PARA NO HACERSE BOLAS ES DIVIDIR LOS ALIMENTOS EN 3 GRUPOS:

1 ENSALADAS

2 VERDURAS

3 PROTEÍNAS

TODA COMIDA DEBERÁ CONTENER UN PLATILLO DE LOS 3 GRUPOS..

VEAMOS ESTO CON CALMITA ⟫⟫⟫

1 ensalada ↓ cruda

LECHUGA· APIO· PEREJIL· PEPINO· AGUACATE· BERRO· CEBOLLA· JITOMATE· RÁBANO· CALABACITA· COLIFLOR· ETC. (3 o 4 COSAS EN UN PLATILLO).

2 VERDURAS

ESPINACAS· ACELGAS· COL· COLIFLOR· ESPÁRRAGOS· ZANAHORIAS· BETABEL· CALABACITAS· BERENJENA· ALCACHOFAS·· ETC.

TAMBIÉN 2 O 3 EN UN GUISO..

3 proteínas

QUESO o HUEVOS o PAPAS o CAMOTE o SOYA o FRIJOLES o GARBANZO o ARROZ o LENTEJAS o TRIGO o MAÍZ o AVENA o CEBADA o HABAS, etc.

AQUÍ SÍ: SÓLO UNA COSA!

(NO REPITA 2 PROTEÍNAS JUNTAS..)

¿ENTENDISTE, FILOMENA?

EL PELIGRO DE LA SOBREALIMENTACIÓN ESTÁ EN EL EXCESO DE PROTEÍNAS: UN PLATO A BASE DE ARROZ CON FRIJOLES Y QUESO (COMÚN EN MÉXICO), PARA DESPUÉS COMER HUEVO CON PAPAS, ES UN EJEMPLO DE ALIMENTACIÓN MAL COMBINADA Y PESADÍSIMA (Y MUY ESTREÑIDORA, ADEMÁS)

LO REPETIMOS PARA LOS QUE SINTONIZARON TARDE: COMER BIEN NO ES COMER MUCHO, SINO POCO Y BUENO! NADIE SE HA MUERTO POR COMER POCO, Y SÍ MILLONES SE PETATEAN POR COMER MUCHO..

¡NO LE HAGAN CASO A ESOS COME-PASTO!

LE APOSTAMOS LO QUE QUIERA A QUE, COMIENDO ASÍ SE SENTIRÁ MEJOR, BAJARÁ DE PESO, NO SE ENFERMARÁ DE NADA Y VIVIRÁ MÁS AÑOS..

..A BUENA HORA ME DICEN..

HAY ALIMENTOS MÁS PESADOS QUE OTROS, UNOS NECESITAN POCA DIGESTIÓN Y OTROS CAEN COMO BOMBA; UNOS NUTREN Y OTROS SÓLO DAN SABOR; UNOS LLENAN Y OTROS NUTREN SIN LLENAR.

PARA LOS VEGETARIANOS HAY **TRES** CLASES DE ALIMENTOS:

1 ALIMENTOS MINERALIZADORES (VITAMINAS Y MINERALES) { FRUTAS, HORTALIZAS, VERDURAS CRUDAS. (ENSALADAS)

2 ALIMENTOS DE COMBUSTIÓN Y TRABAJO (GRASAS Y CARBOHIDRATOS) { CEREALES, PAPAS, MIEL, GARBANZO, FÉCULAS, DULCES, FRUTAS, ACEITES...

3 ALIMENTOS DE REPARACIÓN Y CONSTRUCCIÓN (PROTEÍNAS) { QUESO, HUEVOS, PAN INTEGRAL, SOYA Y NUECES EN GENERAL..

ASÍ, EN LA ALIMENTACIÓN DIARIA, DEBEN ENTRAR LOS TRES TIPOS DE ALIMENTOS... Y PROCURAR NO REPETIR 2 DEL MISMO TIPO EN LA MISMA COMIDA, PARA NO RECARGAR EL ESTÓMAGO... (A EXCEPCIÓN DEL PAN, QUE ES ACOMPAÑANTE..)

NO VAYAN A SALIR CON: SOPA DE PAPA, PAPAS CON HUEVO, FRIJOLES CON QUESO.. Y CAMOTE DE POSTRE !!

Y RECORDAR QUE EL EXCESO DE CUALQUIERA DE LOS TRES, PERJUDICA AL ORGANISMO, IGUAL QUE SU FALTA LO DEBILITA..

NI TAN TAN, NI MUY MUY

EL EXCESO DE PROTEÍNAS TAMBIÉN ENGORDA.. ¡Y EL DE GRASAS Y CARBOHIDRATOS NO SE DIGA..!

POR ESO HABLAN DE DIETAS MAL BALANCEADAS..

DieTa BaLaNceaDa

ES LA QUE CONTIENE TODOS LOS ELEMENTOS NECESARIOS PARA SEGUIR CON VIDA, SIN ENGORDAR NI DEBILITARSE: VITAMINAS, GRASAS, SALES, CARBOHIDRATOS, PROTEÍNAS Y <u>AGUA</u>.

¿AGUA?

BUENO.. LOS LÍQUIDOS SON UNA DE LAS COSAS QUE MÁS DESBALANCEAN UNA DIETA..

ESPECIALMENTE HOY QUE SE HA PERDIDO LA COSTUMBRE DE TOMAR AGUA-VIL Y ENTRARLE A PORQUERÍAS EMBOTELLADAS CON EXCESO DE CARBOHIDRATOS O PEOR AÚN, A VENENOS COMO LA COCA-COLA Y ANEXAS..

¿ENTONCES QUÉ HAY QUE TOMAR EN LA COMIDA?

POS LO QUE DEN ※ HIC!, LO QUE DEN.. ¿BAILAMOS?

DESDE LUEGO, LO MEJOR PARA EL ~~ORGASMO~~ ORGANISMO ES EL AGUA PURA, <u>AL FINAL</u> DE LA COMIDA....PERO TAMBIÉN SE PUEDEN TOMAR JUGOS DE FRUTAS O AGUAS FRESCAS HECHAS EN CASA CON LAS USUALES REGLAS DE HIGIENE..

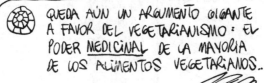

QUEDA AÚN UN ARGUMENTO GIGANTE A FAVOR DEL VEGETARIANISMO: EL PODER <u>MEDICINAL</u> DE LA MAYORÍA DE LOS ALIMENTOS VEGETARIANOS..

LA CEBOLLA POR ejemplo..

COMIDA, LA CEBOLLA ES DEPURATIVA, DIURÉTICA, SEDANTE, MATA LAS LOMBRICES... Y UNTADA DESINFECTA, QUITA LOS GRANOS, MATA MICROBIOS (DE LA BOCA SOBRE TODO) Y HASTA DICEN QUE HACE CRECER EL PELO..

LOS AJOS COMBATEN LA REUMA, BAJAN LA PRESIÓN, EXPULSAN LAS LOMBRICES Y DESINFECTAN LOS APARATOS DIGESTIVO Y PULMONAR...

(TÓMELO EN AYUNAS..) (Y NO BESE A NADIE...)

LAS PAPAS SON EXCELENTES EN LA ARTRITIS, Y ÚTILES EN LA GASTRITIS Y LA DIABETES..

EL JITOMATE ESTIMULA AL HÍGADO Y ES LO MÁS RICO EN VITAMINAS ENTRE LAS HORTALIZAS.

LAS PEPITAS DE CALABAZA, EN HORCHATA, SON A TODO DAR PARA EXPULSAR BICHOS DE LA PANZA..

LAS LECHUGAS SON CALMANTES DE LOS NERVIOS Y LAXANTES

PERO, COMO TODAS LAS VERDURAS. HAY Q. DEJARLAS 15 MINUTOS EN AGUA DE SAL PARA MATAR LAS AMIBAS.

ESPINACAS: DEPURATIVAS Y LAXANTES.

LA COL ESTÁ LLENA DE VITAM-C Y COMBATE LA DISENTERIA..

EL APIO ES ANTIRREUMÁTICO

LA ZANAHORIA ES BUENA PARA LA VISTA Y LA EXPULSIÓN DE LOMBRICES..

¿Y LAS UVAS?

LAS UVAS (COMIDAS, NO TOMADAS) SON UN ALIMENTO MEDICINAL DE PRIMERA: REGULAN LAS SECRECIONES, DISUELVEN LOS DEPÓSITOS CALCÁREOS, AUMENTAN LA SECRECIÓN BILIAR, TONIFICAN LOS CENTROS NERVIOSOS, Y ESTIMULAN LA CIRCULACIÓN Y LA SECRECIÓN ÁCIDA..

AH..Y COMBATEN LA ARTRITIS..

Y NO HABLAMOS DE LAS PLANTAS MEDICINALES, QUE NOS LLEVARÍAN TODO EL NÚMERO, SINO SIMPLEMENTE DE LOS ALIMENTOS MÁS USUALES, COMO NARANJAS Y LIMAS, TORONJAS Y LIMONES..

..O LAS ARRUGADAS CIRUELAS, EL MEJOR LAXANTE EN EL MERCADO PARA LOS ESTREÑIDOS..

..O LAS ALMENDRAS, ALIMENTO FOSFORADO, TÓNICO Y DIGESTIVO, EXCELENTE EN FORMA DE HORCHATA PARA CONVALECIENTES..

EN CUANTO A LOS DIENTES, VEA ESTO ➤➤ Y CONSULTE A SU DENTISTA...

EXCELSIOR 12-A Lunes 11 de Octubre de 1971

Problema Educacional, Dicen Catedráticos de la UNAM

Exceso de Carbohidratos y Dieta mal Balanceada, Causa de Infecciones Dentarias en los Mexicanos

Los focos de infección dentaria —casi la totalidad de los mexicanos los tienen— causan entre otras enfermedades: reumatismo articular, males del corazón (endocarditis bacteriana) y gastrointestinales.

El problema es, primordialmente, de educación, señalaron los doctores José Izazola y Ermilo López, del Consejo Técnico y director de la División de Estudios Superiores de la Escuela Nacional de Odontología de la UNAM.

Entre las causas de los males dentales mencionaron: dieta mexicana no balanceada y en la que proliferan carbohidratos; abuso de los dulces y los azúcares sin una limpieza posterior adecuada; falta de atención materna a los niños y escasez o exceso de fluor en el agua potable.

Los especialistas dijeron a EXCELSIOR que en odontología, México se sitúa en un plano intermedio en relación a los demás países latinoamericanos y que aquí urge preparar un mayor número de dentistas.

También es necesario que el servicio social de los pasantes se realice en las áreas, pues hasta aho... circunscrito al D... ral, y para ell... las unidad...

S.A., destinadas a las áridas.

La Escuela de O... pronto se convertí... tad, con la crea... rado. Conside... la reducció... cirujano... ra ater... gent...

(ÉL LE DIRÁ LA AMOLADA QUE LE PONE LA CARNE A LA DENTADURA Y A LA DIGESTIÓN...)

PARA TERMINAR, VAN ALGUNOS PRINCIPIOS Y PARTICULARIDADES DEL RÉGIMEN VEGETARIANO, A FIN DE QUE SEPAN QUIENES QUIERAN PROBARLO, A QUÉ LE TIRAN..

PARA SABER SI UN HONGO ES VENENOSO, DÉSELO A SU SUEGRA. (NO ES CIERTO) MEJOR PÓNGALOS A COCER CON UN AJO: SI EL AJO SE PONE NEGRO, SON VENENOSOS..

EN CUESTIÓN DE PANES, EL VALOR ALIMENTICIO ES MAYOR MIENTRAS MENOS BLANCO ES EL PAN. LO PEOR ES COMER EL PAN BLANCO Y CALIENTE.

Leche

AUNQUE PAREZCA RARO, ES MEJOR LA LECHE EN POLVO Y LA LECHE CONDENSADA, A LA LECHE HERVIDA, MÁXIME EN MÉXICO, DONDE YA NO SE SABE QUÉ LE DAN A UNO POR LECHE..

LOS QUESOS SON DE DIFÍCIL DIGESTIÓN, DEBIÉNDOSE PREFERIR LOS SENCILLOS Y FRESCOS A LOS MUY FERMENTADOS. RECUERDE QUE EL QUESO ES PROTEÍNA Y SUSTITUYE A LA LECHE O EL HUEVO..¿ALGO MÁS?

¡YA SÉ! ¿CÓMO VA A SABER IGUAL DE SABROSO UN FILETOTE QUE UN PLATO DE VERDURAS?

USTÉ LO DICE PORQUE NO SABE GUISAR MÁS QUE BISTECES Y TACOS...

LA COMIDA VEGETARIANA ES VARIADÍSIMA EN SABORES Y PLATILLOS. NO POR NADA, UNA DE LAS COCINAS MÁS EXQUISITAS - LA COCINA CHINA - ES VEGETARIANA, ASÍ COMO LA HINDÚ... Y GRAN PARTE DE LA COCINA MEXICANA, LA AUTÉNTICA, NO LA QUE SIRVEN EN LOS "TIPICAL MARIACHIS" PARA VENDER MÁS TEQUILA..

IMAGÍNENSE SIMPLEMENTE LOS SABORES Y PLATILLOS QUE PUEDEN ELABORARSE CON LAS COMBINACIONES DE LAS TANTÍSIMAS VERDURAS QUE TENEMOS EN MÉXICO:

ROMERITOS, SALSIFÍS, HUITLACOCHES, NABOS, AGUACATES, ALCACHOFAS. VERDOLAGAS, ESPÁRRAGOS, NOPALITOS, CHÍCHAROS, CHILACAYOTES, HABAS, CALABACITAS...¡UY!

A MÍ LO QUE SE ME ANTOJAN SON UNOS HUAZONTLES CON QUESO.. ¡JIJOS!

(LA CARNE SE PUEDE SUSTITUIR POR HONGOS: UN POZOLE VEGETARIANO ASÍ, ES A TODO MECATE)

¿Y LA INFINITA VARIEDAD DE FRUTAS CON SUS DIFERENTES SABORES..?

PLÁTANO, MAMEY, PAPAYA, CAIMITO, CIRUELA, SANDÍA, JÍCAMAS, HIGO, DURAZNO, PIÑA, PERA, MANZANA, COCO, MEMBRILLO, MELÓN, GRANADA, NANCHES, FRESAS, NARANJAS, ZAPOTE, CHICOZAPOTE, GUANÁBANA, UVA, GUAYABA...

CLARO QUE COMO RÉGIMEN ALIMENTICIO QUE SE RESPETA, EL VEGETARIANISMO TIENE SUS REGLAS PARA QUE HAGA PROVECHO, NUTRA Y NO PERJUDIQUE...

UNO: HAY QUE EMPACAR CON ORDEN..

Y MASTICAR HASTA EL EXCESO: UNA BUENA DIGESTIÓN EMPIEZA EN LA BOCA.

la rEAcciŏn

ES NATURAL QUE, AL DEJAR DE COMER CARNE Y OTRAS PORQUERIAS,
SU ORGANISMO REACCIONE Y NOTE UD. QUE SE SIENTE "DÉBIL"...
LA RAZÓN ES QUE EL CUERPO SE ESTÁ DESINTOXICANDO, SOLTANDO
TOXINAS (NADA RARO ES QUE SALGAN ESPINILLAS, BARRITOS Y
ERUPCIONES). Y QUE ADEMÁS PIERDA USTED PESO, LE DUELA UNA
MUELA, LE DÉ SUEÑO O SE SIENTA "DECAÍDO"... (HASTA LLEGAN A
SALIR "TUMORES" DE GRASA O PUS: DÉJELOS QUE REVIENTEN).

¡EL CANIJO
ORGANISMO
EXPULSA POCO
A POCO MATERIAS
EXTRAÑAS ACUMULADAS
POR MALA NUTRICIÓN
Y DEFICIENTES
ELIMINACIONES!

ASÍ QUE NO SE
ASUSTE. TODO ESO
ES NORMAL.
SOBRE TODO TRAS
UN AYUNO. DESPUÉS
VUELVE UNO A
RECUPERAR PESO..

Y POR ÚLTIMO, QUEDA DECIR QUE DEL TIPO DE ALIMENTACIÓN, DEPENDE NO SÓLO EL BIENESTAR FÍSICO DE UN PUEBLO, SINO TAMBIÉN SU AVANCE <u>INTELECTUAL</u>..

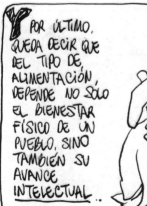

ENTONS YO PROPONGO QUE LE DEMOS AL PUEBLO HARTA SOPA DE LETRAS..!

¿SE PUEDE TRABAJAR O ESTUDIAR BIEN CON EL ESTÓMAGO RECARGADO Y EL ORGANISMO INTOXICADO? ¡QUÉ VA! LO QUE SE ANTOJA ES DORMIRSE...

(Y DORMIR DESPUÉS DE COMER, ES ECHAR BARRIGA..)

LA SIESTA NO DEBE PASAR DE 20 MINUTOS.

UNA ALIMENTACIÓN POBRE O TÓXICA, CAUSA DEBILIDAD ORGÁNICA O SEA ENFERMEDADES... Y SI EL CUERPO ESTÁ ENFERMO, YA ESTUVO QUE NO SE ESTUDIA O TRABAJA BIEN...

Y ADIÓS REFORMA EDUCATIVA O PRODUCTIVIDAD..

¿CUÁL RÉGIMEN ES MEJOR, EL CON CARNE O EL SIN CARNE?

¿CUÁL NOS PROPORCIONA MÁS ENERGÍAS Y MENOS VENENO?

(LA MENOS TRISTE DE LAS CARNES)

CREEMOS HABER EXPUESTO AQUÍ LOS DOS LADOS DEL PROBLEMA, Y EL LECTOR PODRÁ SACAR SUS PROPIAS CONCLUSIONES SIN HACERLE MANITA DE PUERCO. SI TIENE ALGUNA DUDA, CONSULTE A SU MÉDICO..

(PERO QUE LEA ESTE NÚMERO ANTES DE DECIDIR..)

Y ORA SÍ LA DEL ESTRIBO: SERÁ EN BALDE ALIMENTARSE BIEN, SI SE ABUSA DE 3 COSAS: ALCOHOL, TABACO Y FALTA DE EJERCICIO...

¿EL EJERCICIO MÁS COMPLETO? <u>CAMINAR</u>.. *

(* MEJOR QUE SER PERSEGUIDO POR UN PERRO..)

PUES SI QUIERE ÉNTRELE A:

LOS
MENÚS DE:
ROSITA
DOBLEÚ

RECETARIO PARA
UNA SEMANA,
DEBIDAMENTE BALANCEADO
Y CONFECCIONADO
POR LA ENCARGADA DEL
COLOR
EN los agachados
(Y DE PILÓN MI ESPOSA)

EX

1

ENSALADA

- LECHUGA
- AGUACATE
- PEREJIL
- BETABEL (Rallado)
- APIO
- BERRO
- CEBOLLA
- PEPINO

SOPA: ELOTE

PLATO FUERTE:
CROQUETAS DE AVENA.CON ALCACHOFAS Y EJOTES AL VAPOR, ACOMPAÑADAS DE SALSA DE JITOMATE.
POSTRE. (SIN azúcar)

2

ENSALADA: IDEM, PERO CON ZANAHORIA EN VEZ DE BETABEL Y SIN APIO.

SOPA: ZANAHORIA

PLATO FUERTE:
HUEVOS COCIDOS. CON ESPINACAS Y CHAYOTES AL VAPOR U HORNO CON SALSA DE JITOMATE.
POSTRE. (SI QUIERE)

3

IDEM LA ENSALADA, PERO CON CALABACITA CRUDA EN VEZ DE ZANAHORIA..

(Y CON APIO SI GUSTA..)

SOPA: EJOTE.

plato fuerte:
HABAS CON NOPALITOS EN ENSALADA Y CALABACITAS AL VAPOR ACOMPAÑADAS DE CREMA.
POSTRE. (sin azúcar)

4

IDEM, CON COLIFLOR CRUDA EN VEZ DE LA CALABACITA

SOPA: CHÍCHARO

plato fuerte:
ARROZ INTEGRAL CON APIO Y PEREJIL. ELOTES Y EJOTES AL VAPOR CON SALSA DE JITOMATES.

5

ENSALADA CON
- LECHUGA
- BERRO
- PEREJIL
- AGUACATE
- CEBOLLA
- PEPINO

SOPA: CEBOLLA

PLATO FUERTE:
PAPAS AL VAPOR U HORNO ACOMPAÑADAS DE ZANAHORIAS Y BERENJENAS AL VAPOR CON CREMA.

6

ENSALADA: IGUAL QUE LA ANTERIOR, PERO CON ACEITUNAS

SOPA: ELOTE Y FLOR DE CALABAZA

PLATO FUERTE:
PASTETE DE TRIGO (CON ZANAHORIAS Y ALCACHOFAS CON CREMA.)
POSTRE. (Sin azúcar)

7

ENSALADA
↓
- LECHUGA
- APIO
- PEREJIL
- BERRO
- ZANAHORIA RALLADA
- AGUACATE

Y CEBOLLA

SOPA: CEBADA

PLATO FUERTE:
CALABACITAS REDONDAS RELLENAS DE QUESO FRESCO O REQUESÓN, CON ZANAHORIAS Y CHAYOTES AL VAPOR CON CREMA.

8

IGUAL ↑ SUSTITUYENDO LA ZANAHORIA CON PEPINO

SOPA: EJOTE Y BERENJENA

PLATO JUERTE:
FRIJOL SOYA. CALABACITAS Y COLIFLOR AL VAPOR Y SALSA DE JITOMATE POSTRE

¿DETALLES DE LAS RECETAS? ¡CÓMO NO! ⇒

ENSALADAS

Cantidades para una persona: 2 hojas de lechuga larga o romanita, 2 ramas de perejil, 2 ramas de apio, 2 ramas de berro. Cebolla, betabel, zanahoria, pepino, calabacita, coliflor, etc., al gusto.

Lavar muy bien los ingredientes en el chorro de agua y ponerlos después en agua con una cucharada de sal de cocina durante 15 minutos. Se sacan y enjuagan muy bien en agua limpia. La cebolla no necesita esto, simplemente se sirve rebanada sobre lo demás, que va picado al gusto. Las verduras ralladas se desparasitan enteras en el agua salada y se sirven normalmente con los demás ingredientes.

SOPA DE ELOTE

2 tazas de elote molido, crudo sin colar; 1 taza de elote desgranado, 2 cucharadas de cebolla picada, 1 ajo picado, 1 rama de yerbabuena, 1 cucharada de aceite vegetal y sal al gusto.

Se fríen en el aceite la cebolla y el ajo; se agrega el elote molido y agua al gusto, después el elote desgranado y se deja cocer. Ya casi para retirarla del fuego, se pone sal y yerbabuena.

CROQUETAS DE AVENA

2 tazas de avena integral, 3 cucharaditas de perejil picado, 2 cucharadas de cebolla picada, aceite vegetal y sal al gusto.

Remojar la avena en agua tibia durante 15 minutos; agregar perejil, cebolla y sal, y amasar. En aceite caliente poner las masitas para hacer las croquetas. Se pueden servir con alcachofas y ejotes al vapor, con salsa de jitomate.

SOPA DE ZANAHORIA

1 taza de zanahoria rallada, 2 cucharadas de cebolla picada, 1 ajo picado, 2 cucharadas de harina de soya, 4 tazas de agua, sal y aceite vegetal al gusto.

Hervir el agua y en ese momento añadir la zanahoria. Freír la cebolla y el ajo en poco aceite y agregarlo a la sopa. Aparte se fríe un poco la harina y se agrega también. Ya para quitarla del fuego, añadir perejil y sal al gusto.

SOPA DE EJOTE

1 taza de ejotes molidos en crudo, 1 taza de ejotes picados, 2 cucharadas de cebolla picada, 1 ajo picado, 1 jitomate mediano molido.

Se fríen la cebolla, el ajo y el jitomate molido; se agregan el agua y los ejotes molidos, los ejotes picados y la sal. Puede servirse con trocitos de pan integral tostado.

SOPA DE HABAS

1 taza de habas crudas secas, 2 cucharadas de cebolla, 1 ajo picado, 1 ramita de cilantro, aceite y sal.

Se lavan las habas y se ponen a cocer con bastante agua. Ya cocidas, se incorporan la cebolla y los ajos fritos en el aceite. Se deja espesar y se le agregan sal y cilantro hasta que sequen. Servir con nopalitos en ensalada y calabacitas al vapor con crema y mayonesa.

SOPA DE CHÍCHARO

2 tazas de chícharo molido, 4 tazas de agua, 2 cucharadas de cebolla picada, 1 ajo picado, 2 cucharadas de perejil picado, sal y aceite.

Freír en aceite la cebolla y el ajo, agregar el chícharo molido. Al soltar el hervor, añadir la sal y el perejil, y retirar del fuego. (El chícharo puede molerse crudo o cocido.)

ARROZ INTEGRAL

1 taza de arroz integral, 2 cucharadas de perejil picado, 3 cucharadas de apio picado, 1 diente grande de ajo y 4 tazas de agua.

Remojar el arroz en agua caliente y enjuagarlo. Freírlo a fuego lento hasta que se dore ligeramente y se le pone ajo, perejil y apio. Después las cuatro tazas de agua y sal; se tapa y se deja cocer. (Si todavía está duro al secarse el agua, se le puede agregar un poco más.) Puede servirse acompañado de elotes y ejotes al vapor con salsa de jitomate.

SOPA DE CEBOLLA

4 tazas de agua, 1 taza de cebolla en rodajas delgadas, 3 cucharadas de salsa de soya, aceite y sal.

Hervida el agua, agregar las cebollas. Previamente, freír pocas rodajas en aceite y añadirlas al cocimiento de las otras. Al retirarla del fuego se le pone la sal y la salsa de soya. Puede añadírsele pan integral tostado.

PAPAS AL HORNO

Lavadas, se ponen con todo y cáscara en un molde refractario con aceite y se hornean a calor moderado hasta que estén suaves. Se sirven con berenjenas cortadas en rodajas y zanahorias cocidas, ambas al vapor, añadiéndoles crema o mayonesa.

SOPA DE ELOTE Y FLOR DE CALABAZA

2 tazas de elote crudo desgranado, 1 manojo de flor de calabaza picada y lavada, 4 tazas de agua, 2 cucharadas de cebolla picada, 1 ajo picado y sal.
Poner el elote en agua hirviendo, ya cocido, agregar el ajo y la cebolla fritos en aceite. Ya para retirarla del fuego se agregan las flores y la sal a que den un hervor.

PASTETE DE TRIGO

2 tazas de trigo, ½ taza de zanahoria rallada, 4 cucharadas de cebolla picada, 1 ajo picado, ¼ de taza de aceite vegetal y sal.
Se remoja el trigo la noche anterior. Se cuece al día siguiente, se machaca y se le agregan el aceite y la zanahoria. Aparte se fríen el ajo y la cebolla, y se añaden después, junto con el agua en que se coció el trigo para que no quede seco al hornearlo. Se mete al horno bien caliente y se saca cuando empiece a dorar. Puede servirse con zanahorias y alcachofas cocidas al vapor y crema.

SOPA DE CEBADA

½ taza de cebada, 1 taza de zanahoria picada, 2 cucharadas de cebolla picada, 1 ajo picado, 2 cucharadas de cilantro picado, 4 tazas de agua y sal.
Hervida el agua, se le agregan la cebada y la zanahoria. Aparte se fríen el ajo y la cebolla y se le añaden. Para retirarla ya del fuego, se ponen la sal y el cilantro picado.

CALABACITAS RELLENAS

10 calabacitas redondas, 100 gramos de queso fresco o requesón, 1 cucharada de cebolla picada, ½ taza de zanahoria rallada y sal.
Las calabacitas se ahuecan. Se revuelve el queso con la cebolla y la zanahoria rallada, y se rellenan. Se cuecen al vapor y se sirven con chayotes y zanahoria al vapor, se les puede poner crema o mayonesa.

SOPA DE EJOTE Y BERENJENA

1 taza de ejotes cocidos y molidos, 1 berenjena mediana, cocida, molida y colada; 2 cucharadas de cebolla picada, 1 ajo picado, sal y aceite vegetal.

Se fríen la cebolla y el ajo, se agregan los ejotes, la berenjena y agua al gusto. Ya que dio el primer hervor se retira del fuego. Se puede servir con pan integral tostado.

PASTETE DE FRIJOL SOYA

1 taza de frijol soya, 1 pedazo de cebolla, aceite y sal.

Se cuece la soya como cualquier frijol, se sazona con cebolla, aceite y sal, y se deja secar hasta que forme una pasta. Se sirve en una hoja de lechuga romanita, acompañada de calabacitas y coliflor al vapor, con salsa de jitomate.

POSTRES

Los postres pueden ser de manzana, piña, ciruela pasa, fresa, guayaba, tejocote, papaya, etc., PERO la fruta se cuece en mascabado, NO EN AZÚCAR REFINADA.

BIBLIOGRAFIA

- LA OBESIDAD (Decourt-Pexin) EDIT. EUDEBA / Buenos Aires.

- MEDICINA NATURAL AL ALCANCE DE TODOS (Lezaeta Acharán) PAX-MEXICO

- NUTRICIÓN HUMANA (Dr. Eduardo Alfonso) EDIT. ORION / MEXICO

- ENCICLOPEDIA NATURISTA MAZDAZNAN / MEXICO DF.

- MEDICINA NATURAL (Dr. Eduardo Alfonso) EDIT. KIER / Buenos Aires

- BASES CIENTIF. DE LA ALIMENT. HUMANA (Dr. Samuel L. Sack) ROSARIO / Argentina

- EL LIBRO NEGRO DEL HAMBRE (Josué de Castro) EDIT. EUDEBA / Buenos Aires

- LA ALIMENTACION (François Lery) Edic. MTEZ. ROCA / Barcelona

- CALORÍAS, VITAMINAS Y SENTIDO COMÚN (Dr. H. Curtis Wood) AYMÁ-B. Aires

- LOS PELIGROS DE LA ALIMENTACIÓN INADECUADA (Dr. V. L. Ferrándiz) SINTES / Barcelona

- LA SALUD SIN BOTICA NI CIRUGIA (Lezaeta Acharán) EDIT. CULTURA / CHILE

- LA SALUD DE LOS NIÑOS POR LA HIGIENE NATURAL (Dr. Alfonso) ORION / MEXICO

- NUTRICION HUMANA (Alberti) MANUALES UTEHA / MEXICO

- EL NATURISTA (Federico Wagner) EDIC. AURORA / MEXICO

- LET'S EAT RIGHT TO KEEP FIT (Adelle Davis) SIGNET / New Jersey USA

- DIET FOR A SMALL PLANET (Frances Moore Lappé) BALLANTINE BOOKS / N.Y.

- CONFESSIONS OF A SNEAKY ORGANIC COOK (Jane Kinderlehrer) SIGNET / USA. etc.

REVISTAS {
- PREVENTION (USA)
- EL CORREO DE LA UNESCO
- SALUD MUNDIAL
- GUIA DEL CONSUMIDOR (D.F.)

LIBRO HECHO EN MEXICO POR PUROS MEXICANOS. EN CUERNAVACA. MOR. NOV-DIC. DE 1972 (REVISADO EN 1998)

Esta obra se terminó de imprimir
en abril de 2002, en
Editores, Impresores Fernández, S.A. de C.V.
Retorno 7 de Sur 20, N° 23
Col. Agrícola Oriental
México, D.F.